FACULTÉ DE DROIT DE PARIS

DROIT ROMAIN

DES

JURIDICTIONS CRIMINELLES

A ROME

JUSQU'A L'ÉTABLISSEMENT DES COGNITIONES EXTRAORDINARIÆ

DROIT FRANÇAIS

ÉTUDE SUR LA TRANSPORTATION

DE LA SITUATION LÉGALE DES TRANSPORTÉS

AU POINT DE VUE

DE LA FAMILLE, DE LA PROPRIÉTÉ ET DES DROITS PRIVÉS ET PUBLICS

THÈSE POUR LE DOCTORAT

PAR

Edmond BRUYANT

AVOCAT A LA COUR D'APPEL

PARIS
LIBRAIRIE NOUVELLE DE DROIT ET DE JURISPRUDENCE
ARTHUR ROUSSEAU ÉDITEUR
14, RUE SOUFFLOT ET RUE TOULLIER 13,
1889

FACULTÉ DE DROIT DE PARIS

DROIT ROMAIN

DES

JURIDICTIONS CRIMINELLES
A ROME
JUSQU'A L'ÉTABLISSEMENT DES COGNITIONES EXTRAORDINARIÆ

DROIT FRANÇAIS

ÉTUDE SUR LA TRANSPORTATION

DE LA SITUATION LÉGALE DES TRANSPORTÉS

AU POINT DE VUE

DE LA FAMILLE, DE LA PROPRIÉTÉ ET DES DROITS PRIVÉS ET PUBLICS

THÈSE POUR LE DOCTORAT

L'ACTE PUBLIC SUR LES MATIÈRES CI-APRÈS SERA SOUTENU
Le Vendredi 10 Mai 1889 à une heure

PAR

Edmond BRUYANT

AVOCAT A LA COUR D'APPEL

Président : M. LEVEILLÉ

Suffragants : { MM. GÉRARDIN, professeur.
JOBBÉ DUVAL, } agrégés
MASSIGLI, }

PARIS

LIBRAIRIE NOUVELLE DE DROIT ET DE JURISPRUDENCE
ARTHUR ROUSSEAU ÉDITEUR
14, RUE SOUFFLOT ET RUE TOULLIER 13,

1889

La Faculté n'entend donner aucune approbation ni improbation aux opinions émises dans les thèses ; ces opinions doivent être considérées comme propres à leurs auteurs.

A MON PÈRE

A MA MÈRE

DROIT ROMAIN

DES

JURIDICTIONS CRIMINELLES

A ROME

JUSQU'A L'ÉTABLISSEMENT DES COGNITIONES EXTRAORDINARIÆ

DROIT ROMAIN

DES JURIDICTIONS CRIMINELLES

A ROME

INTRODUCTION

CHAPITRE I

LE DROIT CRIMINEL

On oppose souvent le droit civil des Romains à leur
droit criminel, en qualifiant l'un de raison écrite,
en disant de l'autre, qu'il est un type d'arbitraire et
de cruauté. Le grand respect dû au droit civil empêche de contester ce magnifique éloge, mais il semble
que le droit criminel ait souffert d'une telle admiration ; assurément il est loin de mériter le même
excès d'honneur ; mais il ne mérite peut-être pas non
plus cette indignité.

Tout d'abord il importe de constater qu'il y eut à
Rome deux législations pénales très différentes, l'une
applicable aux citoyens romains, l'autre, à tous ceux

1.

qui n'avaient pas cette qualité ou pour mieux dire
cette dignité ; et pour bien juger les institutions romaines il faut surtout considérer celles qui étaient à
l'usage des citoyens, puisque les sociétés anciennes
à la différence des modernes, n'ont jamais recherché
le bonheur ou le progrès collectif, mais seulement le
bonheur d'un petit nombre de privilégiés, et se sont
peu préoccupées de protéger la liberté individuelle
et de garantir les droits naturels, de la foule des petites gens, étrangers, esclaves, de tous ceux que les
jurisconsultes les plus éclairés qualifient dédaigneu-
sement de *minores* et d'*humiliores*. Or, les institutions
criminelles réservées aux citoyens furent dignes d'un
peuple libre ; sur beaucoup de points, égales aux
nôtres, elles leur furent supérieures sur quelques-
uns. La réforme du Code d'instruction criminelle qui
depuis de longues années, est à l'étude devant le
parlement, introduira dans notre législation certaines garanties dont nous ne jouissons pas encore et
qui ne manquèrent jamais aux citoyens romains.

Sans doute, avant que la philosophie stoïcienne et
ensuite la morale chrétienne, aient amélioré et
agrandi le droit criminel, les Romains ne paraissent
guère avoir connu ce que nous appelons la philosophie du droit pénal, mais leurs institutions furent
toujours protégées contre l'excès de l'arbitraire par

un principe politique qui était le respect dû à la qualité de citoyen romain.

Ce qui indigne le plus Cicéron contre Verrès est que Verrès ait osé enfermer un citoyen dans une prison destinée aux étrangers « *in externorum hominum custodias tu tantum numerum civium romanorum includere ausus es.* » (2ᵉ act. V. 55, C. Catilina, IIᵉ 12). La justice dans la société romaine ne fut jamais séparée de la politique, et nous verrons que cette alliance fut la cause de la grandeur et des vices de l'organisation de la justice criminelle.

Quant aux institutions applicables à tous ceux qui n'étaient point citoyens, il faut reconnaître qu'elles furent rudes et arbitraires, il n'y eut point à proprement parler de législation fixe à leur égard, leur sort fut abandonné à l'arbitraire des magistrats. La cause de l'inégalité et de la rudesse dans le droit criminel des romains, ne provient pas seulement de leur conception trop étroite du progrès social, mais aussi de la structure militaire de leur société.

Depuis qu'on applique à l'histoire des premiers temps de Rome les procédés d'une critique plus rigoureuse, on a enrichi cette histoire d'un très grand nombre de controverses. On met en doute les habitudes militaires des Romains et le caractère absolu du pouvoir de leurs rois. Cependant comme on l'a dit avec raison : « c'est un point acquis aujourd'hui qu'il

y eut une époque où les familles s'administraient
elles mêmes, comme autant d'États indépendants et
autonomes..... Le chef de la famille, le *pater familias*,
celui qui *in domo dominium habebat*, était à la fois
prêtre, législateur et juge du groupe à la tête duquel
il était placé, et ses pouvoirs étaient exercés par lui
librement et sans contrôle étranger. » (Gérardin,
Tutelle et curatelle dans l'ancien droit romain). Par
conséquent ce ne fut pas le besoin d'ordre et de sécurité, mais la nécessité d'obéir à un chef unique
pendant une guerre, qui fut, à partir d'une époque
impossible à préciser, l'origine du pouvoir central du
pouvoir gouvernemental chez les Romains; sans doute
en remettant à un chef unique, le soin de veiller au
salut de l'Etat, les *patres* eurent soin de garder pour
eux les pouvoirs dont ils étaient investis, et notamment le pouvoir de juger, mais comme d'autre part,
ils élisaient les rois à vie, il est conforme à la nature
des choses de penser que ceux-ci, abusant de la force
qu'ils avaient en qualité de chefs d'armée, souvent
victorieux, réussirent à transformer le pouvoir qu'ils
avaient reçu limité en pouvoir absolu. On peut donc
affirmer sans témérité que le premier roi de Rome
fut un soldat heureux, et que les Romains, dont la
principale occupation fut bientôt de piller leurs voi-
sins ou de se défendre contre eux furent obligés de
se soumettre à une sorte de régime ne différant pas

sensiblement de la discipline militaire. La plupart des textes que nous avons sont favorables à cette opinion « *populus sine lege certa, sine jure certo primum agere instituit* (Pomponius, 2-1, *De orig. juris.*)

M. Mommsen dont le haut esprit dédaigne les légendes et traditions de la Rome préhistorique a expliqué comment grâce à sa position sur le Tibre, Rome n'avait été longtemps qu'une cité de commerçants, mais le commerce maritime, comme la guerre à cette époque, n'était qu'une continuelle piraterie. « On se battait pour avoir le pillage du camp ennemi ou de ses terres, après quoi le vainqueur et le vaincu se retiraient chacun dans sa ville » (Montesquieu, Grandeur et décadence des Romains, c. 1er). Les Romains firent le commerce, les armes à la main jusqu'au jour où, dédaigneux de tout trafic, ils abandonnèrent le commerce à leurs esclaves pour ne plus songer qu'à conquérir l'univers. S'ils avaient été d'abord un peuple de commerçants, leur législation aurait été moins formaliste et plus souple. L'occupation n'aurait pas été pour eux à l'origine le seul mode d'acquisition de la propriété.

En ces temps de barbarie où, comme aujourd'hui, l'armée n'est autre chose que la nation mobilisée, ni la nation autre chose que l'armée en congé, mais sans qu'aucune charte, ni constitution ne puisse atténuer les rigueurs d'un pareil régime, le roi a sur

ses sujets les droits d'un général sur ses soldats.
Cette organisation imposée par les nécessités de guerres continuelles influa sur les institutions civiles,
religieuses et criminelles, au point de donner au
pouvoir public à Rome la rigidité et l'étendue qui
sont habituellement le caractère spécial de l'autorité militaire. « *Omnia que a manu regum guberna*
bantur » (Pomponius, *de orig. juris*).

Le chef appelé roi était investi de l'*imperium*, c'est-
à-dire d'un pouvoir dont l'essence même était d'être
illimité. La brutalité de ce régime militaire ne pesa
pas longtemps sur les citoyens romains, mais il
subsista contre tout le reste de la population et contre les étrangers. Les magistrats supérieurs, qui
après les révolutions populaires, ramassèrent les débris de la puissance publique de l'*imperium* concen-
tré d'abord entre les mains du roi conservèrent seulement à l'encontre des étrangers et des esclaves,
non pas une véritable juridiction, mais plutôt un
droit de coercition sans limites précises et dont le
plus souvent ils ne manquèrent pas d'abuser.

Les citoyens étant seuls investis de droits publics
et prenant part à la confection des lois, ne poursui-
virent l'adoucissement de la législation criminelle
qu'à leur profit exclusif. Longtemps à Rome le progrès des institutions criminelles ne dériva d'aucun
principe supérieur, et ne fut qu'une conséquence

du développement des libertés politiques. Aussi, quiconque était exclu des droits politiques, restait soumis à l'arbitraire, sans avoir aucun moyen de s'en affranchir. A l'égard de tous ceux qui n'étaient point citoyens, les procédés des magistrats furent selon l'expression de Montesquieu des « actions violentes plutôt que des jugements. » Ces actions violentes, et cette cruauté arbitraire des pouvoirs publics sont le résultat de la discipline militaire qui fut d'abord l'unique règle et constitution de la Rome guerrière, et marqua l'histoire des institutions romaines d'une profonde empreinte longtemps ineffaçable.

Les juridictions criminelles varient donc à Rome selon l'état des personnes : (D. L. 48, t. 19, 28-16. *Id.*, 16-3).

Assurément, c'est une tache pour le droit criminel romain d'avoir si complètement méconnu le principe de l'égalité devant la loi pénale, mais il n'en pouvait être autrement.

Le déploiement de la force brutale et des violences particulières, inévitable résultat du rapprochement des hommes crée des injustices et des inégalités qui sont consacrées d'abord par les institutions, et ne peuvent ensuite être effacées que très lentement, par l'évolution constante qui conduit les peuples vers l'état démocratique. Cette inégalité devait se prolonger nécessairement à Rome où la

société était fondée sur l'esclavage et construite sur
un type militaire lequel implique une hiérarchie,
et une obéissance à cette hiérarchie poussée jusqu'à
la cruauté.

Les magistrats romains avaient d'ailleurs a priori
les mêmes défiances à l'égard d'un esclave que les
juges modernes à l'égard d'un récidiviste de profession. Le plus souvent en effet les esclaves corrompus par la servitude même, étaient gens médiocrement intéressants.

Quand enfin l'influence des stoïciens et de la morale chrétienne, la diffusion de la qualité de citoyen
eurent abaissé toutes les barrières, les libertés politiques avaient elles-mêmes sombré, l'empire romain avait pris le caractère absolu des monarchies
orientales, esclaves et hommes libres ne rencontrè-
rent une égalité apparente que dans les mêmes tor-
tures et une commune servitude. L'égalité devant la
loi pénale n'est pas toujours un progrès.

Aussi bien, le droit criminel romain, envisagé
sous cet unique aspect paraît mériter la sévérité avec
laquelle il a été jugé, mais ses erreurs sont de celles
qu'on retrouve dans l'histoire de tous les peuples, les
premiers codes criminels ont consacré plus d'inégalités et d'injustices que de vérités, et d'autre part, si
l'on considère les institutions applicables aux ci-

toyens, on voit combien de bonne heure elles furent
humaines et libérales.

La publicité des audiences, le débat oral, le juge-
gement par les jurés, l'égalité absolue de forces entre
l'accusation et la défense, toutes les garanties dont
quelques-unes sont encore ignorées de certains peuples modernes, mais qui sont pour la plupart des
autres, un gage de liberté et un titre d'orgueil furent
vite acquises aux citoyens romains. Les lois Valeriæ
et Porciæ votées après l'expulsion des rois furent, selon l'expression de Laboulaye, de véritables lois
d' « *habeas corpus.* »

Les sentences capitales ne pouvaient être rendues
que dans les grands comices, d'ailleurs en abdiquant
sa qualité de citoyen, tout condamné pouvait se soustraire aux injustices populaires. Par cet usage, les
Romains avaient théoriquement proclamé l'abolition
de la peine de mort en matière politique. En fait, il
est vrai qu'ils recouraient fréquemment aux assassinats politiques.

Si l'on réfléchit enfin que l'opinion publique était
dans la ville de Rome une puissance sans cesse en
éveil, et dont les arrêts étaient sanctionnés par la
toute puissance des tribuns protecteurs nés des fai-
bles et des petits contre les grands, et que les libertés politiques conféraient à chaque citoyen, non pas
seulement une part infinitésimale de souveraineté,

mais des droits ou plutôt des fonctions publiques
dont il s'acquittait chaque jour et dont il exerçait
avec jalousie toutes les prérogatives, on conviendra
que cet ensemble de garanties contre les injustices
possibles, mérite une partie de cette admiration que
l'on dépense toute, sur les beautés du droit civil romain et que les institutions criminelles de Rome auraient pu avec avantage être plus complètement imi-
tées par quelques peuples modernes qui ont la volonté et l'illusion d'être libres.

En outre, à côté et au-dessus des juridictions criminelles proprement dites existait le pouvoir du
paterfamilias sur ses enfants, sa femme, ses esclaves...
pouvoir absolu d'abord, mais le sentiment de la responsabilité qu'un tel pouvoir devait merveilleusement
développer, l'affection naturelle du chef de famille
pour ses justiciables, l'intérêt bien entendu, qu'il
avait à ménager ses esclaves qui furent longtemps le
principal instrument et signe de richesse, dimi-
nuaient largement les inconvénients de cette magistrature domestique.

Ce pouvoir d'ailleurs ne fut pas toujours absolu.

Il fut limité d'abord par un tribunal composé des
membres de la famille ensuite contrôlé par l'État. A
partir du IIe siècle, les historiens romains citent de
nombreux cas où les pères de famille furent pour-
suivis pour avoir puni leurs fils injustement et nous

verrons qu'une constitution de Constantin étendit les peines du parricide au père meurtrier de son fils. Or cette conception de la justice sociale, laissée entre les mains du chef de famille sous le double contrôle d'abord de la famille ensuite de l'État, cette sorte d'entente et de pacte conclu entre l'État et la famille pour la poursuite et répression des délits, inspira au peuple romain, plus sûrement que les plus justes lois, cet esprit de douceur et de modération qui fut l'apanage des romains selon les témoignages de Cicéron (1) (*de rep.* II, 9), et de T. Live (1-28) : « *Gloriari licet nulli gentium, mitiores placuisse pœnas* ».

« *Patria potestas in pietate, non in atrocitate consistere debet* » dit le jurisconsulte Marcianus (Dig. l. 48, IX, 55). Le pouvoir paternel se transforma en un devoir de protection, armé comme aujourd'hui d'un simple droit de correction. D'ailleurs les juridictions criminelles proprement dites n'eurent à Rome qu'une compétence très étroitement limitée, non seulement à cause de l'organisation spéciale de la famille, mais

(1) Le projet du Code d'instruction criminelle de 1808 contenait l'organisation d'un jury de famille. Ce jury devait juger les simples délits ou contraventions commis par un fils de famille non marié ou non établi, ou par une femme mariée non séparée de corps de son mari. La décision de ce jury, prise sous la présidence du juge de paix devenait exécutoire par la confirmation du président de la cour (V. Esmein, *Histoire de la procédure criminelle en France*, p. 557.

surtout parce qu'une grande partie du droit pénal de-
meura toujours absorbée dans le droit civil.

Chez tous les peuples, la peine n'a d'abord été
qu'une vengeance privée, réglée primitivement par
la loi du talion : « *Si membrum rupit ni cum eo pacit
talio esto* » (XII Tables), obtenue ensuite au moyen
d'une transaction pécuniaire et du versement d'une
indemnité : « *Si injuriam faxit alteri, vigenti quinque
œris pœnæ sunto* » (XII Tables). Mais à Rome la poursuite de la plupart des faits délictueux ne perdit jamais complètement ce caractère de vengeance privée.
Le plus souvent, quand un fait délictueux avait été
commis, il donnait lieu à un procès qui se jugeait
exclusivement entre particuliers dans les mêmes
formes, et devant les mêmes juges qu'un procès
civil. Il est permis à la victime et au coupable
de faire la paix *pacisci* de transiger ensemble, sans
que l'État intervienne autrement que dans les procès
civils. L'action née d'un fait délictueux est pénale,
seulement en ce sens que la satisfaction pécuniaire
obtenue par la victime de ce délit peut dépasser la
réparation du dommage causé.

Labéon dit Ulpien (l. II, t. XIV), distinguait les
« *res familiares* et les *res publicas.* » « *Quæ distinctio
vera est* » ajoute Ulpien, « *et in ceteris igitur omnibus
ad edictum prætoris pertinentibus, quæ non ad publicam*

læsionem sed ad rem familiarem respiciunt pacisci licet nam et de furto lex pacisci permittet. »

Les délits publics, les *res publicæ* étaient seuls portés devant les juridictions criminelles.

Cette distinction entre les *res publicæ* et les *res familiares*, exista de tout temps à Rome « *Nam et de furto lex pacisci permittit* » sans être jamais déterminée par un principe général. Elle était basée sur des considérations pratiques et sur la tradition. Les délits privés étaient les plus nombreux. Ils comprenaient notamment le vol *furtum* (1) (Gaïus, III, 189-190) et toutes les injustices depuis l'insulte verbale jusqu'aux plus graves blessures (D., l. 47, X, inst. IV, 4-7). Au contraire le meurtre, l'incendie, la trahison, tous les faits qui troublent directement la société tout entière et ce qu'on entend vaguement par ordre public font l'objet de procès dits *judicia populi* et plus tard *judicia publica*.

On peut même dire que les délits privés sont la règle, le délit public l'exception (D. pr. 48-1).

Cette confusion du droit pénal avec le droit civil se prolongea dans la société romaine, pour plusieurs raisons. Le génie romain était essentiellement pratique et conservateur. L'organisation politique assura

(1) Il est vrai que la notion du *furtum* était très étroite et ne comprenait pas les délits d'abus de confiance et d'escroquerie (Gérardin, *op. cit.*, n° 61).

longtemps une influence prépondérante aux votes des gens âgés ou riches, c'est-à-dire de tous ceux qui par tempérament ou par situation, sont satisfaits du présent et pensent qu'il y a plus d'inconvénient à abroger une ancienne institution, que de profit à en faire une nouvelle. En outre le peuple, juge ordinaire des délits publics ne pouvait être réuni en comices que pour des délits qui l'atteignaient et le blessaient directement.

Aujourd'hui, la distinction entre la peine prononcée exclusivement dans l'intérêt social, et la réparation pécuniaire accordée à la victime est un des principes fondamentaux du droit. Nous sommes en effet familiarisés avec les abstractions, et nous concevons aisément par delà l'intérêt privé, l'intérêt public et social, mais il est facile de comprendre qu'une telle distinction ne pouvait s'établir que lentement et confusément dans la société romaine où tout homme privé, est doublé d'un citoyen, c'est-à-dire d'un véritable fonctionnaire ayant pour profession d'accomplir les différentes fonctions de la vie publique, où l'homme privé, est souverain et à ce titre représente l'État et la société, à tel point que les peines prononcées dans son intérêt particulier ne laissent pas en même temps que de satisfaire l'intérêt public, d'autant plus, que la somme excédant le dommage réel lui est versée à titre de peine et expose le

perdant de ce procès purement civil dans la forme,
à être noté par le censeur. (1) Comme aujourd'hui
une condamnation correctionnelle, la perte d'un
procès civil de ce genre, pouvait être une flétrissure
publique, surtout dans une ville comme Rome, où
grâce aux continuels rapprochements de la vie publique, tous les citoyens se connaissaient de vue ou
de nom (Cicéron, *De petitione consulatus*, 8). D'ailleurs
la juridiction des préteurs chargés principalement de
la justice civile assurait aux victimes des délits une
réparation plus sûre et plus rapide que les assises
bruyantes et souvent tumultueuses tenues par le peuple. Les Romains n'avaient donc aucun intérêt pratique à augmenter le nombre des *judicia populi* en
augmentant l'importance d'une distinction qui théoriquement ne s'imposait pas à l'esprit.

La justice criminelle bénéficia donc dans une
certaine mesure des progrès de la justice civile. Les
jurisconsultes qui portèrent le droit civil à un si
haut point de sagesse et d'équité s'occupèrent aussi
du droit criminel et en firent l'objet de nombreux
ouvrages que nous avons à regretter. Il en reste
seulement les titres. Quoique la juridiction des préteurs fût surtout civile, « *prætor disceptator juris civi-*

---

(2) La *notatio censoria* ne doit pas être confondue avec l'in-
famie (Mispoulet, t. 1, 104 et s.).

lis est, » ces magistrats contribuèrent à maintenir dans la législation criminelle l'esprit de douceur et de modération. Ecrivains, jurisconsultes et magistrats, avaient comme les criminalistes modernes, compris les avantages de la modération dans les peines. (Dig. L. 48, t. 19, § 2 Sénèque, de Clementià, 22) et surtout la nécessité de proportionner la gravité de la peine à celle du délit « *ne delictis supplicia sint graviora* » (Sénèque de irà II 6). Horace, sat. 3. Dig. 48 t. 19 § 2 pr.) en tenant compte non seulement du trouble social, mais aussi de l'immoralité de l'agent. « *In maliſiciis voluntas spectatur non exitus* (Dig. 48. t. 8, § 14). Les Romains toutefois ne semblent pas s'être beaucoup tourmentés des questions philosophiques tant agitées aujourd'hui, au sujet du droit de punir dont la société est armée et des principes qui justifient la rigueur de ce droit. En affirmant que le droit de punir est basé sur l'utilité des peines, Cicéron (de off. 1. 25) ne paraît pas soupçonner qu'il touche un point prêtant à d'amples controverses, mais ce que les romains ont nettement défini, c'est le but même des peines : Elles doivent être exemplaires, et n'ont pas seulement pour but de châtier les coupables, mais aussi d'intimider tous ceux qui seraient tentés de les imiter, « *ut pœna ad paucos et metus ad omnes parveniat* » (Code pr. IX, 27; Dig. 48. 19. 6. 2, inst. IV, 1. 18).

Enfin ils avaient formulé toutes les maximes protectrices qui proviennent du besoin qu'ont les hommes de se protéger contre les abus possibles du pouvoir qu'ils ont créé et des magistrats qu'ils ont eux-mêmes élus : pas de peine sans texte : mieux vaut acquitter un coupable que condamner un innocent (Dig.48.,19, § V). La loi ne punit pas les intentions criminelles et ne force pas la conscience humaine « *cogitationis pœnam nemo patitur* » (48 t. 19-18).

Souvent, il est vrai, il ne manqua à ces admirables principes que d'être appliqués, mais ils avaient été formulés, malgré tout, ils eurent leur influence et donnèrent leurs fruits. La douloureuse agonie de l'empire romain, les invasions, les guerres, la force brutale en ont seulement retardé le triomphe, mais en définitive si le droit criminel romain a été sévèrement jugé, si notre législation criminelle en vérité doit moins au peuple romain que notre législation civile, c'est peut-être aussi parce que nous lui avons emprunté longtemps ses erreurs, en nous gardant bien de lui prendre l'égalité de force entre l'accusation et la défense, et cet ensemble de garanties légales qui sans diminuer la force et l'autorité de la justice criminelle, font sa grandeur même et sa dignité.

2.

La confusion du droit pénal avec le droit civil facilita l'adoucissement de la législation et l'administration pratique de la justice, mais il est incontestable que, par contre elle faussa profondément dans la société romaine la définition et le rôle de la justice criminelle.

Nous avons vu combien son domaine était étroit. Les *judicia populi* comprenaient surtout les attentats contre la sûreté de l'état *perduellio proditio*, les crimes de droit public ; les Romains furent ainsi amenés à ne donner à la justice criminelle et aux juridictions criminelles proprement dites d'autre règle et d'autre mesure que le salut de l'État. « *Salus populi suprema lex esto* ». Ni l'équité, ni la conscience, mais l'intérêt de la société et le plus souvent même, simplement l'intérêt de l'État, gouvernent l'administration de la justice.

En outre, dans cette société, où l'esprit de discipline et le respect de l'autorité, conséquences des habitudes militaires des Romains empêchaient la séparation des pouvoirs, et en maintenaient la concentration, le pouvoir judiciaire ne fut jamais distinct de l'exécutif.

Tout magistrat supérieur chargé de gouverner la république, est du même coup investi du pouvoir de rendre la justice « *jus dicere* ». Le magistrat, roi, consul, ou empereur est juge parce qu'il est maître.

En vertu d'une telle organisation, il est aisé de comprendre comment les juridictions criminelles bientôt détournées de leur véritable but dégénérèrent en un instrument de règne, en moyen de gouvernement que les partis se disputèrent sans cesse. Les hommes ou les partis au pouvoir usèrent du droit de rendre la justice surtout pour poursuivre et frapper leurs adversaires politiques. Par conséquent si sages, et excellentes que fussent théoriquement les institutions, leur application pratique ne pouvait manquer d'être défectueuse. La forme, la procédure, l'organisation des juridictions criminelles varia suivant que la souveraineté résida sur la tête des rois, passa entre les mains du peuple, puis fut recueillie par les empereurs, mais au fond l'erreur des Romains subsista ; ils subordonnèrent toujours la justice à la politique, chez eux plus que chez tout autre peuple, l'histoire des institutions criminelles fut intimement liée aux vicissitudes de la politique.

Pendant une première période, les rois d'abord, ensuite le peuple, le sénat et certains magistrats ont pouvoir général de rendre la justice. Pendant une deuxième période, ce pouvoir limité, régularisé, est confié principalement à des tribunaux permanents « *questiones perpetuæ* ».

Enfin les empereurs héritiers des pouvoirs du

peuple exercent eux-mêmes ou par l'intermédiaire
de leurs fonctionnaires les attributions criminelles
dont le peuple souverain et les anciens rois avaient
été investis.

Les institutions romaines à leur déclin retombè-
rent dans l'absolutisme qui avait été leur point de
départ. Ne pouvant suivre le cercle entier de leurs
évolutions, nous n'examinerons que les deux premières périodes.

CHAPITRE II

1. *Les Rois*.

« Comment s'étonner, a-t-on dit avec raison, qu'il règne une grande incertitude sur l'organisation judiciaire à l'époque des rois de Rome, puisqu'il n'est pas bien sûr que ces rois eux-mêmes aient existé ». (Alglave, *Organisation des juridictions civiles*).

Les écrivains romains eux-mêmes confessent que l'histoire des premiers temps de Rome est fort obscure, « *obscura est historia romana* » dit Cicéron (*de republicâ* II. 18), qui en fournit cette preuve piquante, à propos du roi Ancus-Martius.

« *Si quidem istius regis matrem habemus* » dit-il, « *ignoramus patrem* ».

Tout ce que nous savons, c'est que par suite de leur élection les rois étaient investis de l'*imperium* c'est-à-dire de la puissance publique dans toute son étendue.

L'imperium impliquait donc le pouvoir de rendre la justice criminelle.

Comme dans toutes les sociétés primitives, le chef cumule tous les pouvoirs, à Rome le roi était avant tout un général. Les magistrats supérieurs qui remplacèrent les rois en exil, perdirent la plupart des attributions royales ; mais conservèrent toujours leur pouvoir militaire, et plus tard, quelles que fussent les modifications apportées au gouvernement par le temps et les révolutions, la puissance publique eut toujours pour effet de conférer le pouvoir de commander les armées. Les magistrats supérieurs, consuls et préteurs, devenaient généraux, même quand ils n'étaient préparés que fort indirectement à de telles fonctions, par les luttes du Forum et des triomphes oratoires.

Le roi était assisté dans ses multiples fonctions d'administrateur, de juge et de soldat par le « *Tribunus celerum* « *qui equitibus præerat et veluti secundum locum a regibus obtinebat* ». Ce texte de Pomponius (*de origine juris*, 15) est encore une preuve de l'organisation toute militaire de l'Etat romain. Après le roi qui commande toute l'armée, vient le *Tribunus celerum* qui commande la cavalerie.

Dans une société rudimentaire comme l'était la société romaine au temps des rois, il est certain que le *Tribunus celerum*, le premier à Rome après le roi, n'avait pas des fonctions exclusivement militaires et participait comme les rois à l'administration de la

justice civile et criminelle (§ 15. *De orig. juris.*), autrement Pomponius ne l'aurait sans doute pas cité
dans le chapitre où il indique l'origine des magistrats *« qui juri dicundo præsunt »* (§ 13, *de orig. juris*).

Lorsque le roi et le chef de la cavalerie s'en al-
laient en guerre, ce qui d'ailleurs devait arriver fréquemment, Tacite (annales, XI, n° 11) dit qu'un
magistrat nommé *custos urbis* était spécialement
chargé de rendre la justice. Plus tard ce magistrat
fut appelé *præfectus urbi* (§ 33. *de origine juris.*).

Quand les rois exerçaient en personne les attributions judiciaires, ils avaient évidemment le pouvoir de juger seuls, peut-être quelques-uns prirent
l'habitude de se faire assister d'un conseil, au
moins dans les affaires capitales :

Ainsi s'explique qu'un de griefs du peuple romain contre Tarquin le superbe était que ce roi jugeait seul les causes capitales *« Cognitiones capitales
per se solus excercebat »* (T. L. I, n° 49), mais aucun document n'indique quelle était la composition de ce conseil, et tout porte à croire qu'il ne
fut jamais l'objet d'une organisation régulière.

En outre quand les rois avaient en personne rendu un jugement, il est fort probable, malgré les
doutes émis à ce sujet, qu'aucun recours n'était
possible contre leur décision.

Pomponius affirme que les décisions des décem-

virs et des dictateurs étaient à l'abri de tout appel ;
or les pouvoirs de ces magistrats extraordinaires
avaient été mesurés sur ceux des rois. D'autre part,
si les lois *Valeriæ*, qui établirent en principe le droit
d'appel, n'avaient eu pour effet que de consacrer légalement un usage établi ; elles n'auraient évidemment pas rencontré cette résistance énergique dont
parlent les historiens latins ; elles n'auraient pas
eu besoin d'être renouvelées trois fois.

Tite-Live ajoute encore que quand (III, 55) la
loi Valeria fut renouvelée pour la deuxième fois, il
fut expressément défendu de créer à l'avenir un magistrat jugeant sans appel. « *Qui creasset eum jus* »
ajouta-t-il, « *fasque esset occidi.*

Si les romains n'avaient point eu à souffrir des
abus de pouvoir et en général de l'absolutisme, ils
n'auraient point confirmé les lois *Valeriæ* par une
sanction aussi énergique, « en armant le bras de
chaque citoyen » et n'auraient pas élevé le régicide
à la hauteur d'une institution politique.

Dans la suite des temps l'accusation d'aspirer à
la tyrannie, au titre de roi devint le prétexte commode
dont les patriciens et le peuple usèrent tour à tour
pour supprimer leurs ennemis dangereux.

Ce pouvoir absolu des rois, leur droit de juger,
toujours en dernier ressort, est contesté, il est vrai,
par certains écrivains, notamment par Cicéron au

II⁰ livre de la République. Mais Cicéron dans cet ouvrage écrit l'éloge plutôt que l'histoire du peuple
romain. D'après lui la Rome de Romulus aurait été
déjà un foyer de civilisation. Il honore chaque roi
d'un éloquent panégyrique et en définitive il semble
que le prince des avocats plaide la cause des rois
devant un auditoire choisi, bien plus qu'il ne raconte leur règne.

Les jugements rendus par les rois mêmes, étaient
donc probablement au-dessus de toute voie de recours ; mais si remarquables et bien doués qu'aient
pu être les rois, évidemment ils ne pouvaient suffire
à toutes les nécessités si variées et complexes de leur
situation. De bonne heure ils durent prendre l'habitude soit de déléguer leurs pouvoirs judiciaires au
Sénat, ou à une commission de sénateurs, ou à des
juges spéciaux, *quæstores* et *duumviri*, soit de déterminer seulement le point de droit et de confier ensuite à des délégués le soin de statuer sur le point de
de fait et de rendre le jugement.

Or, la *provocatio ad populum* était ouverte contre les
décisions de tous les magistrats autres que le roi et
les dictateurs, et l'innovation consistant à diviser en
deux actes distincts la *cognitio*, (c'est-à-dire la procédure criminelle exercée d'abord et terminée primitivement par le roi seul) et permettant ainsi
que la *provocatio ad populum* pût toujours être exer-

cée, dut devenir immédiatement très populaire à
Rome. Peut-être fut-elle l'origine, le germe de la
distinction plus tard fondamentale en droit romain
entre le *Jus* et le *Judicium*.

A l'appui de cette opinion on peut citer le récit
fait par Tite-Live du procès d'Horace, (T. L. 1, 26),
après le meurtre de Camille. Il fut amené devant le
roi « *raptus in jus* » et le roi après avoir déterminé
la peine encourue par l'accusé *secundum legem*, choisit parmi le peuple réuni *concilio populi advocato* des
juges chargés de décider si en fait l'assassinat avait
été commis « *duumviros inquit qui Horatio perduellion-
nem judicent secundum legem.* »

Les notions recueillies sur l'organisation du pouvoir judiciaire au temps des rois, sont en résumé,
trop incertaines pour qu'on y insiste plus longue-
ment.

L'opinion que nous soutenons, d'après laquelle les
rois auraient eu une souveraine juridiction criminelle et un pouvoir absolu, est abandonnée aujourd'hui
par beaucoup d'auteurs. Elle a été critiquée et surtout raillée par Maynz (*Esquisse historique du dr. cr.
de l'anc. Rome.* Willems p. 47).

Maynz reconnait cependant que cette manière de
voir est conforme à la lettre des renseignements
trouvés chez la plupart des écrivains anciens, mais
il ajoute qu'elle est incompatible avec la nature des

choses et certains faits historiques, notamment avec
le caractère électif de la royauté.

Mais une monarchie, bien qu'élective, peut être
absolue. L'histoire en offre des exemples. Si d'ailleurs les rois élus à vie, n'avaient pas abusé de
leur pouvoir, les romains n'auraient sans doute
point, par une réaction exagérée, imposé une
très courte durée au pouvoir des magistrats héritiers du pouvoir royal. Il n'est même point certain que les rois tinssent leur pouvoir du peuple
(Bouché Leclerc, *Manuel des instit. rom.* Mommsen,
I, 205). Enfin, tant qu'on est réduit à discuter
des hypothèses n'est-il pas plus sûr de s'en tenir
à la lettre des textes connus, plutôt que de les
commenter et d'y chercher des interprétations qui,
malgré la profonde érudition de leurs auteurs, sont
nécessairement arbitraires.

II. *Des Magistrats et des Comices.*

Au début de la République, les assemblées du
peuple ont-elles seules la juridiction criminelle? Les
magistrats ont-ils aussi cette juridiction, ou au contraire, ne l'exercent-ils que sur une délégation des
assemblées? La question est controversée.

Ceux qui pensent que les rois eux-mêmes n'a-
vaient pas le pouvoir de rendre des jugements cri-

minels contestent à fortiori ce pouvoir aux consuls.
On peut soutenir qu'après l'expulsion des rois, le
principal effort de la révolution victorieuse fut d'enlever aux magistrats héritiers du pouvoir royal le
droit de condamner un citoyen sans l'intervention
du peuple. *(Ne regiam potestatem sibi vindicarent lege
latâ factum est ut ab eis provocatio esset.* (Pomponius,
p. 16, *De or. jur.)*

A cette époque, au dire de Cicéron (*De rep.*, l, 40),
« des consuls furent nommés pour un an, les faisceaux baissés devant le peuple, le droit d'appel reconnu dans toutes les causes, et la souveraineté
transportée dans le peuple : *Prorsus ita acta plura-
que ut in populo essent omnia.* »

Le peuple alors devint le maître : « La vigueur
avec laquelle cette idée était sentie et la netteté
avec laquelle on rattachait le changement de principe au passage de la royauté à la république, se
montrent plus clairement que dans tout le reste,
dans la dénomination de serviteur du peuple, *po-
plicola,* attribuée au premier consul, et dans le récit
corrélatif selon lequel il faisait incliner le symbole
de *l'imperium,* ses faisceaux devant le peuple. »
(Mommsen, *Dr. pub, rom.*, VI, 343).

Il est donc possible que le principe de la souveraineté populaire, revendiqué vainement du temps
des rois, ait triomphé immédiatement après leur

expulsion, contre des magistrats dont le pouvoir ne durait qu'un an ; en vertu de cette souveraineté, le peuple seul aurait eu droit de rendre des jugements criminels, les magistrats et le Sénat n'auraient exercé ce droit que sur une délégation du peuple.

Cette opinion est peut-être trop absolue. Le déplacement du pouvoir judiciaire consacré par les lois *Valeriæ*, « *unicum præsidium libertatis* » en vertu desquelles aucun citoyen ne pouvait être condamné « *sine injussu populi* » n'était pas une réforme judiciaire, mais plutôt une conquête politique. « *Tunc mira quâdam exsultasse populum insolentiâ libertatis* », selon l'énergique expression de Cicéron (*De Rep.*, I, 40). Il serait donc bien étonnant qu'une réforme de cette nature, dirigée contre un parti aussi puissant que l'était alors le parti patricien, ait pu s'établir définitivement. Les révolutions brusques sont toujours suivies de réactions. Si les consuls, en principe, n'eurent pas le pouvoir de juger, en fait ils durent souvent usurper ce pouvoir, d'autant plus aisément que *Valerius Poblicola*, qui proposa la première loi Valeria, avait omis de la fortifier par une sanction pratique. Tite-Live (X, 9) raconte qu'après avoir interdit aux consuls et magistrats de mettre à mort un citoyen, la loi ajoute seulement que le magistrat coupable de cet abus de pouvoir sera blâmé « *Adjecit nihil ultra quam im-*

probe factum ». Un pareil blâme (*in verrem*, 2ᵉ act.,
III, 93) ne devait point avoir de sanction, il est probable même que le consul qui en était frappé pour
avoir méconnu les droits du peuple, gagnait plutôt
dans son parti l'estime et la considération.

La loi *Valeria* dut être renouvelée. *Valerius Poti-
tus* et *H. Barbatus*, sous leur consulat, interdirent
de nouveau toute magistrature sans appel, et les
trois lois *Porcia*, dues à trois *Porcius*, ajoutèrent
enfin l'énergique sanction dont nous avons fait
mention plus haut.(Cicéron,*de offic.*,III,3). En outre,
les magistrats conservèrent toujours un certain pouvoir de *coercitio*. « *Relictum est iis ut coercere possent* »
(Pomponius, *D. or. juris*, 16). C'est à tort, dit
Maynz (7), qu'on fait entrer dans cet ordre d'idées
le droit de *coercitio*, ce droit n'est, dit-il, « qu'une
attribution du pouvoir exécutif qui s'exerce sans
débat et sans défense. » Cependant, il est difficile
de déterminer où finit le pouvoir de *coercitio* du magistrat, où commence son pouvoir judiciaire proprement dit. D'après Mommsen (1), si le magistrat qui
fait un acte de *coercitio* recourt à l'un des modes de
punition qui ne lui sont pas accessibles à ce titre,
si par exemple, dans l'intérieur de la ville, il pro-
nonce la peine de mort, son pouvoir de *coercitio* se
transforme en pouvoir judiciaire. Il peut sans doute

1. *Dr. public romain*, t. I, p. 169 et s.

prononcer cette peine, mais dans les formes établies précises et en s'exposant à l'instance en cassation. En revanche, si le magistrat rend la justice à un esclave, ou en dehors de la ville, la puissance publique reparaît dans sa liberté primitive.

Les limites de la compétence des magistrats étaient donc assez arbitraires, et comme dit avec raison Mommsen (1), dépendaient non pas de la nature de l'acte punissable, mais plutôt de la nature de la peine prononcée.

Aussi bien croyons-nous que le droit de *provocatio ad populum* n'a pas eu tout d'abord et directement pour effet d'enlever aux magistrats le pouvoir de rendre les jugements criminels, mais simplement de limiter ce pouvoir, en ce sens que certaines décisions prises d'abord par le magistrat contre un citoyen, pouvaient ensuite être déférées au peuple et cassées par lui dans ses comices. (V. Mommsen sur les limites de la *provocatio*, t. VI, p. 403 et s.).

Le peuple exerça son droit de justice criminelle avec soin et jalousie. Surtout lorsqu'il s'agissait d'une peine capitale, il substituait toujours sa décision à celle des magistrats, et ceux-ci furent amenés ainsi, au lieu de prononcer la peine, à la proposer seulement. La loi des XII Tables consacra formellement cette règle... « *Leges præclarissimæ de*

1. *Op. cit.*, p. 183.

duodecim Tabulis translatæ sunt quarum altera privilegia tollit, altera, de capite civis rogari nisi maximo comitiatu vetat. (Cicéron, *De legibus,* III, 4, 19. *Pro Sestio,* 30).

En ce cas, la procédure de la *provocatio ad populum* ne comprend qu'une seule et même instance. L'acte du magistrat n'est qu'une simple *rogatio* et non un *judicium.* « Le jugement de première instance était devenu un simple acte d'accusation. » (Willems, p. 176). Au contraire, s'agissait-il d'une peine moins grave, d'une amende (1), le magistrat allait probablement jusqu'à la prononcer, mais si le citoyen condamné usait de son droit et déférait le jugement aux comices, une deuxième instance s'engageait (2). Ainsi s'explique que les auteurs classiques ne fassent aucune différence entre les mots *rogatio* et *judicium, irrogare* et *judicere,* et les emploient l'un pour l'autre afin de désigner l'office du magistrat. « *Ut ter ante magistratus accuset intermissâ die, quam multam irroget aut judicet (Pro domo,* 17, 45). *Quum magistratus judicassit irrogavitve per populum multæ pœnæ certatio est.* » (*De legibus,* III, 3, 6).

1. Mommsen, p. 173 et s., t. I.
2. La procédure de la *provocatio ad populum* comprenait deux instances distinctes d'après Willems, p. 175. Walter, n° 248. Une seule d'après Mispoulet, p. 227. Zumpt, t. I, *Dr. cr. romain.* Laboulaye, *Essai sur la responsabilité des magistrats.*

Le pouvoir des magistrats ainsi limité alla toujours en s'affaiblissant : « Toute l'histoire interne de la constitution romaine se résume dans l'affaiblissement de l'*imperium* des magistrats. » (Mommsen) (1).

En définitive, c'est au peuple réuni en assemblée par curies, centuries ou tribus qu'appartint la principale juridiction criminelle. Tous les cas dans lesquels le peuple ainsi réuni rend un jugement, sont appelés *judicia populi*. Toutefois, c'est un point controversé que de savoir si les comices par curies eurent des attributions criminelles. D'après Denys d'Halicarnasse (VII, 58, 59) les comices par centuries, dès l'origine, auraient été le seul juge compétent en matière criminelle (2).

1. Dr. public romain, T. Ier. III. Le droit *de coercitio* du magistrat.

2. Cependant la grande majorité des auteurs pense que les comices par curies eurent aussi des attributions criminelles notamment. Maynz, n° 5. Willems, p. 52. Elles furent dépouillées de leurs attributions par les comices par centuries et par tribus. Les trente curies furent représentées par trente licteurs. On discute aussi la question de savoir si les plébéiens étaient admis dans les comices par curies. Niebhur, I, 369, Ortolan, 1. 35 ; Mispoulet, 1, 196, disent que les patriciens y étaient seuls admis.

Madvig., I, 99 ; Willems, p. 50 ; Maynz sont d'avis contraire. D'après Mommsen, les plébéiens y auraient été admis de tout temps mais n'auraient eut le droit d'y voter que beaucoup plus tard. Mais ce qui est sûr, c'est que les patri-

Le plan de cette étude ne nous permettant pas d'examiner la procédure usitée devant les comices bien qu'elle se rattache à notre sujet, nous nous bornerons pour terminer à étudier la compétence en matière criminelle des comices par centuries et par tribus (1).

La condamnation de Coriolan devant les comices par tribus et plusieurs textes des auteurs anciens (Tite-Live, III, 11-13. Denys, x. 5-8) prouvent que d'abord les comices par centuries et par tribus eu-

ciens étaient tout puissants. Même dans les comices par centuries le suffrage universel était assez habilement corrigé pour que le vote d'une minorité pût l'emporter : « *In republicâ tenendum est ne plurimum valeant plurimi* » D'autre part, les comices ne pouvaient s'assembler qu'après avoir été convoqués par le magistrat, consul ou tribun. La réunion des comices par centuries était précédée de la prise des auspices par les Augures *maximum et prestantissimum in republicâ jus est augurum et cum autoritate conjunctum*, dit Cicéron, qui était Augure. (*De Legibus*, L. II. 12) Il suffisait en effet que le magistrat, après avoir consulté l'Augure prononçât la formule *de alio die* pour que l'assemblée n'eût pas lieu et Cicéron confesse lui-même que l'intervention des augures était un moyen commode pour empêcher les réunions embarrassantes « *Ut multos inutiles conciliatus probabiles impedirent moræ* » (*de Legibus*, II, 12) C'est seulement dans les comices par tribus que les plébéiens, à cause de leur nombre, purent dominer (*de Legibus*, II., 19). Willems. L. II. Madvig t. I. Mispoulet, t. I, chap, VIII. Mommsen, *Dr. public romain.* F. Hélie, t. I, p. 27 et 8.

1. La plupart des règles de cette procédure étant les mêmes que devant les comices législatifs ; elles sont plutôt du domaine du droit public romain. Mommsen, t. VI. p. 405 et s· Maynz (8).

rent une compétence égale. (Maynz, n° 5. Mispoulet, t. I, p. 228). Le droit pénal étant surtout coutumier, chaque fois qu'un magistrat ayant droit de
convoquer le peuple (*jus agere cum populo*) estimait
qu'un acte était punissable, il pouvait en traduire
l'auteur devant le peuple assemblé par centuries ou
par tribus.

Mais selon le témoignage de Cicéron, les Romains
avaient remarqué que le peuple, « distribué selon
le cens, l'ordre et l'âge, comme dans les comices
par centuries, apporte aux délibérations plus de
sagesse que lorsqu'il est confusément convoqué par
tribus » (*De legibus*, II, 19).

Aussi, la loi des XII Tables établit une ligne de
démarcation très nette entre la compétence des
deux espèces de comices, en attribuant exclusivement aux comices centuriates (*maximus comitiatus*)
la connaissance de toutes les accusations capitales,
(Dig., 2, *De pub. judic. De rep.*, 11, 36. *De legibus*, III,
19. *Pro Sestio*, 30. D. Pomponius, 2, § 16, *de orig.
juris.*) Depuis lors, quand le magistrat, consul, préteur ou tribun, proposait une peine capitale, il ne
pouvait s'adresser qu'aux comices par centuries.

Au contraire, s'il proposait une peine pécuniaire,
il pouvait convoquer les comices par tribus.

D'où il suit que la compétence respective des comices ne dépend pas de la nature de l'acte punissa-

ble, mais seulement de la nature de la peine proposée.

« *Ne pœna capitis cum pecuniâ conguntur*, dit Cicéron (*Pro domo*, 17).

Théoriquement, la distinction est très nette ; en
pratique, elle ne fut pas toujours observée. Au dire
de Cicéron (*De rep.*, II, 35), les comices par tribus
augmentèrent les amendes de façon à confisquer la
fortune de l'accusé et à le réduire à l'exil, lequel
constituait une peine capitale, et par ce détour ils
éludèrent, au moins en partie, le principe impéra-
tif posé par la loi des XII Tables.

En résumé, le peuple réuni par centuries jugeait
toutes les accusations pouvant entraîner une peine
capitale. Réuni par tribus, il statuait sur tous les
autres procès criminels qui lui étaient soumis directement par le magistrat ou déférés par la voie de la
provocatio.

Comme Mommsen le fait remarquer, le peuple,
quel que soit le mode de réunion, statue dans sa
souveraineté. « De par la nature de cette constitution, non seulement il doit absoudre le citoyen condamné à tort, mais il peut grâcier le citoyen condamné à bon droit…. Le citoyen romain qui absout
un coupable ne fait pas autre chose que ne fait dans
un état monarchique le roi, en usant du droit de
grâce » (T. VI, p. 411). Bien que le peuple romain

fût souverain, et que les magistrats pussent élargir le droit pénal en incriminant devant les comices tous les actes qu'ils estimaient punissables, la juridiction des comices avait en fait d'étroites limites, puis-qu'elle n'était applicable qu'aux citoyens seuls.

C'est en effet pour eux seuls que les magistrats ont été désarmés, et que la garantie de l'appel au peuple a été établie, les garanties n'étaient appli-cables qu'à Rome et à sa banlieue. Elles ne s'éten-daient pas hors de la ville au delà d'un mille de dis-tance. (T. L. 3, 20). « *neque enim provocationem esse longius ab urbe mille passuum* ». « La liberté était au centre, la tyrannie aux extrémités ».

C'est dans l'organisation de la juridiction popu-laire qu'apparaît avec le plus de netteté l'inégalité de la justice romaine, inégalité attestée par les dif-férences de juridiction, par la nature et la gravité des peines. Passé la banlieue, les consuls et les magistrats reprennent la plénitude de leurs pou-voirs et la « *cognitio* » illimitée. Dans les provinces leur *imperium* n'a pas été affaibli ni diminué. Ils ac-cusent, instruisent et jugent, librement, de même qu'ils administrent la province, et commandent les armées. Dans les provinces le pouvoir de juger a con-servé dans toute sa pureté, le caractère qu'il avait d'abord à Rome même : il est inhérent au pouvoir de gouverner, et conserve la sévérité arbitraire dont

l'étreinte s'élargissait à Rome en raison des conquêtes de la démocratie et de l'obligation où était
le parti aristocratique de faire des concessions pour
sauvegarder ses privilèges.

Bien que les citoyens romains, se reposant sur de
nombreux esclaves de tous les soins de la vie domestique, aient pu consacrer plusieurs heures chaque
jour à l'exercice de leurs droits de souveraineté, en
réalité une pareille organisation judiciaire conve-
nait plutôt à une petite bourgade, comme avait été
Rome au début, qu'à une grande cité. La ville devenait une cité cosmopolite, la capitale du monde
alors connu, et cependant la plus importante de
ses juridictions demeurait réservée aux seuls citoyens.

Il est vrai que le peuple déléguait souvent son
pouvoir judiciaire, soit au Sénat soit à des commissaires spéciaux. Comme toutes les conquêtes
de la démocratie, le droit de rendre la justice dut
d'abord être exercé avec ardeur par le peuple, puis
quand l'exercice de ce droit fut définitivement
entré dans les mœurs, et que le souvenir des anciennes luttes fut apaisé, le peuple dut s'en dé-
sintéresser. De même qu'aujourd'hui l'opinion publique ne s'émeut et la presse ne rend compte
que des crimes retentissants, il est probable qu'à
Rome les comices ne s'assemblaient que si l'accusé

était un personnage connu, ou quand les détails et les circonstances du crime avaient attiré l'attention publique. Quand l'accusé était inconnu, ou que la cause ne comportait aucun scandale politique, les comices déléguaient l'affaire. La justice populaire aurait été très insuffisante, sans l'usage des délégations et si de tout temps à côté de la juridiction des comices n'eût existé une juridiction plus ferme et plus régulière qui était celle du Sénat.

III. *Du Sénat.*

Quiconque à Rome détient une portion des pouvoirs publics, est, partant, investi du pouvoir judiciaire, or presqu'à toutes les époques le Sénat gouverna le peuple romain, non-seulement il gouverna mais encore légiféra et administra, de tout temps il dut donc avoir un pouvoir judiciaire. Par leur habilité politique, les sénateurs réussirent à conserver le pouvoir effectif et à n'en donner au peuple que la flatteuse apparence.

Dans une société où la justice par l'étroite conception qu'on en avait, était liée et subordonnée à l'intérêt de l'État, les sénateurs, gardiens vigilants de la sûreté de l'État devaient être la juridiction la

plus régulière et la plus active. Le Sénat dénonçait les
crimes, prescrivait des enquêtes et donnait des ordres
aux consuls pour qu'ils convoquassent les comices et
soutinssent les accusations ; or lorsque l'instruction
d'une affaire avait été menée par le Sénat, le peuple,
après avoir été consulté, préférait parfois que le procès fût terminé par la même juridiction qui l'avait
commencé. En pareil cas le Sénat agissait en vertu
d'une délégation spéciale des comices. (T. L. 26. 33.)
Mais avait-il en outre une juridiction criminelle qui
lui appartînt en propre et s'il est vrai que le Sénat
eut un tel pouvoir, quelles étaient les limites de sa
compétence? Ce sont des questions très débattues.(1)
Ceux qui pensent que le peuple seul a le souverain
pouvoir de rendre la justice criminelle, refusent naturellement ce pouvoir au Sénat. Mais cette opinion
paraît trop absolue. D'abord les comices ne jugent
que les accusations portées contre les citoyens. A
l'égard de ceux-ci le Sénat lui-même d'après le récit de Tite Live (XXVI. 33) reconnaît qu'en principe
il n'a pas de pouvoir judiciaire ; mais chaque fois
au contraire qu'il s'agit d'un acte délictueux commis
contre la sûreté de l'État par des étrangers ou par
des alliés, le Sénat instruit et juge. (T. Live. VI. 13.

1. Mispoulet ; t. I. 175, F. Hélie t. I. p. 34 et 5 ; Maynz,
n° 6 ; Walter, n° 830 ; Willems, p. 213 ; Madvig, I. 299.

VIII, 20. Cicéron, Brutus 22.) Maynz objecte qu'en
pareil cas les décisions du Sénat avaient plutôt le
caractère d'actes administratifs. « L'intervention du
Sénat dit-il (n° 6) s'explique soit par la nature par-
ticulière de l'acte criminel qui soumet les prévenus
(étrangers ou alliés) à l'arbitraire administratif, soit
par la raison que les poursuites constituent non
pas des jugements réguliers, mais des mesures de
salut public. »

Mais il semble que ce soit précisément à cause de
la confusion des pouvoirs administratif et judiciaire
que le Sénat romain pût avoir un véritable pouvoir
judiciaire, pouvoir d'autant plus étendu que d'une
part les décisions du Sénat n'étaient pas soumises
à la *provocatio ad populum* (Mommsen, VI, 403) et que
d'autre part des citoyens romains se trouvant souvent impliqués dans les procès engagés contre des
alliés traîtres ou rebelles, il s'ensuit qu'il n'y eut
pas entre les comices et le sénat une limite fixe d'attributions. Chaque fois qu'un crime a été commis
contre la sûreté de l'état par des alliés ou des étrangers, le Sénat en est naturellement juge, or il serait
bien étonnant et peu conforme à la politique habituelle de cette haute assemblée qu'elle n'eût pas
profité de ses attributions administratives et politiques pour participer le plus possible au pouvoir
judiciaire. Tite-Live dit que quand le Sénat délibéra

sur la peine méritée par la rébellion des Campaniens, un sénateur plaida l'incompétence du Sénat,
en se fondant sur ce que les campaniens avaient reçu la nationalité romaine « *Per senatum agi de Cam-
panis qui cives romani sunt, injussu populi non video
esse* ».

On peut conclure a contrario de ce texte que chaque fois au moins que le Sénat juge des non citoyens il exerce une véritable juridiction criminelle
mais il est très douteux que le Sénat eût un pouvoir
direct contre des citoyens romains (1)

Plusieurs textes il est vrai semblent favorables à
cette opinion, (in Pisonem, 7 in Catilinam, III, 3).
« *nihil de capite civis aut de bonis sine Judicio senatus
aut populi, aut eorum qui de quâque de constituti sunt
judices detrahi possit* » (*pro domo 13*).

En outre Cicéron (in Catilinam IV. 5) rapporte
une subtilité en vertu de laquelle ceux qui comme
Catilina par exemple, menaçaient la sûreté de l'Etat
ne pouvaient profiter des prérogatives attachées à
la qualité de citoyen. « La loi Sempronia, dit Cicéron a été faite dans l'intérêt des citoyens, or ceux
qui agissent en ennemis de la république, ne peuvent en aucune façon, « *nullo modo* » être traités

1. D'après Madvig le Sénat aurait été investi de ce droit
par une loi que Tête-Live aurait oublié de mentionner) Mispoulet note n° 43, t. Ier.)

comme citoyens; cependant il est plus juste d'admet-
tre que le Sénat hors le cas où les comices lui déléguaient le droit de juger les citoyens n'avait pas un
véritable pouvoir judiciaire sur ces derniers, mais
qu'il usait contre eux des attributions extraordinaires
qu'il avait droit d'exercer exceptionnellement dans
l'intérêt supérieur de l'Etat, notamment en donnant
aux consuls un pouvoir dictatorial *(Senatus consul-
tum ultimum)* ou en déclarant hors la loi les ennemis de la république *(Justitium)* Cicéron *pro Miloné*,
26, 70-71, *pro Rabirio*, 7, 20 ; Mispoulet, t. I. p.
180 et s., Willems, p. 213)

Quant une nation court de graves dangers, tous
les gouvernements de tout temps se sont avec raison reconnus le pouvoir de suspendre les libertés, de
mettre comme on dirait aujourd'hui le pays en état
de siège.

C'est de ce droit qu'usa le Sénat, notamment
quand éclata le scandaleux procès des Bacchanales,
raconté tout au long par Tite-Live, et quand la con-
juration de Catilina fut découverte, mais lorsqu'une
pareille faculté n'est ni limitée ni réglée par la loi,
elle peut devenir, comme elle le fut pour le Sénat, un
moyen de ressaisir le pouvoir, de reconquérir brusquement le terrain perdu par une série de concessions successivement accordées, et de se venger de
ses ennemis. Les Gracques périrent ainsi par ordre

du Sénat. Le Sénat déléguait souvent ses pouvoirs aux
consuls : Dans le procès des Bacchanales (T. L. 37 n.
14) le consul *Postumius* assembla le peuple et l'avertit
que le Sénat l'avait chargé, ainsi que son collègue
d'informer extraordinairement sur cette affaire (*quœs-
tio extraordinaria*) Cicéron (Brutus 22) raconte que les
consuls *Scipion et Brutus* furent chargés d'informer
une affaire criminelle. Des personnages de distinction « *noti homines* » ayant été assassinés, le Sénat
décida de renvoyer aux consuls l'instruction et le
jugement du procès ; « *ut de eâ re cognoscerent et
statuerent consules.* »

C'était en effet une habitude du Sénat et aussi
des comices de déléguer le pouvoir judiciaire à des
commissaires spéciaux, magistrats ou citoyens appelés *quœstores*.

(Maynz 7 (Willems p. 178).

IV. — *Quœstores.*

D'après Maynz les *quœstores* étaient les citoyens
que le peuple avait chargés de la poursuite et éven-
tuellement du jugement d'une cause criminelle, en
ajoutant parfois, pour indiquer le caractère particulier de leur mission l'un ou l'autre des termes qui

pendant longtemps servirent à désigner tout crime
capital *perduellio* et *parricidium*. Si ces commissaires étaient au nombre de deux, on les appelait
duoviri. Cette opinion est séduisante par sa simpli-
cité, mais elle est en désacord complet avec celle de
la grande majorité des érudits modernes. A chaque
pas ici, on rencontre une nouvelle controverse. Par
qui étaient nommés les *quæstores*? Par le roi, disent
les uns en invoquant notamment les témoignages de
Tacite (ann. XI. 22) et de T. Live 2. 26) par le peuple,
disent d'autres auteurs (Pomponius, (8,23,*de or juris*)
Il est probable que le pouvoir d'instituer des commissaires appartint d'abord aux rois et passa ensuite au peuple.

Il paraît certain, quoiqu'en ait dit Maynz, qu'il
n'y avait pas seulement une différence nominale
entre les *quæstores paricidii* et les *duumviri perduellionis*. D'après Willems (289, 17), les *quæstores paricidii*
dont l'origine remonterait à la royauté (1), auraient
eu non seulement des fonctions judiciaires (*parrici
questores apellabantur qui solebant creari causâ rerum
capitalium quærendarum*» (Festus, *V. Questores*), mais
aussi des attributions financières, la garde du trésor de l'Etat (*questores paricidi et ærari*); (2).

1. Selon Mommsen, les *quæstores parricidii* n'auraient été
institués que sous la républiqne.
2. En sens contraire, Maynz (7 n° 43) Madvig, I. 438.

Enfin, la principale différence entre les *questores parricidi* et les *duumviri perduellionis* est que les premiers auraient constitué une juridiction permanente, régulière, élue à des époques déterminées, tandis que les *duumviri perduellionis* auraient été des juges extraordinaires. Cette opinion est conforme aux faits qui nous sont connus. Toutes les institutions qui exigent d'un peuple des efforts fréquents et continus, se faussent par leur propre application. C'est ce qu'il advint de la justice rendue par les comices. Il est probable que le peuple ne manquait point de se réunir pour juger les procès ayant surtout un caractère public (*perduellio*) et n'en confiait que rarement la connaissance à des commissaires spéciaux. Quant au contraire il s'agissait de crimes de droit commun (*parricidium*), les comices de tout temps déléguèrent l'examen à des commissaires. « *Hi appellabantur questores parricidii quorum etiam meminit lex XII Tabularum.* » Pomponius, § 23, *De orig. juris*). Cet usage devenant dans la suite des temps de plus en plus fréquent, il est fort probable que les *quæstores parricidii* aient constitué, selon l'expression de Willems, « un collège ordinaire. »

A l'appui de cette opinion, on peut citer ce passage de Tite-Live (III, 25) : *Eodem anno consules legem... Impediebant, sed in questoribus novis major vis, major auctoritas erat.* » et invoquer enfin l'autorité de la plupart des érudits modernes (1).

Ces usages furent la transition qui conduisit naturellement les Romains à l'institution des tribunaux permanents.

Au lieu que le peuple ou le Sénat confiassent leur pouvoir à des délégués de leur choix pour une affaire déterminée, ils en vinrent à prolonger les pouvoirs de leurs délégués, sans qu'il y eût d'interruption (*questio perpetua*). L'évolution s'accomplit lentement, sans secousse ni choc. Les comices ne perdirent pas immédiatement leurs attributions judiciaires, mais ils se réunirent de plus en plus rarement. Le terrain de la lutte des partis fut déplacé. Ce fut en disputant aux sénateurs et aux chevaliers le droit de siéger dans les tribunaux permanents que le peuple chercha à ressaisir le pouvoir judiciaire et les avantages politiques que conférait ce pouvoir. Comme nous l'avons vu, beaucoup de causes préparaient depuis longtemps la décadence de la juridiction des comices. La décadence devait être d'autant plus rapide que vers la fin de la république le peuple romain, à proprement parler, n'existait plus, le corps électoral était composé principalement

1. notamment Willems, p. 289. 175. 48 Mommsen t. I, p. 185 contra. Madvig. 1. 438 Maynz. (2)

d'une foule d'affranchis, de la vile multitude, mûre déjà pour le despotisme, appartenant à toutes les nations vaincues, et désintéressée de ses devoirs.

D'autre part le nombre des crimes allait croissant non pas seulement parce que la population augmentait, mais aussi à cause de la quantité d'esclaves révoltés et de récidivistes qui pouvaient vivre cachés dans Rome et la banlieue. Certains crimes, notamment les assassinats, les concussions, les brigues, se reproduisaient constamment. La nécessité d'organiser contre les crimes qui se reproduisaient constamment une répression permanente et plus rapide, dut par conséquent s'imposer à partir d'une certaine époque au peuple romain.

CHAPITRE III.

Tous les cas dans lesquels le peuple romain réuni en comices rendait la justice s'appelaient *judicia populi*. Plus tard, on appela *judicia publica* tous les procès portés devant les tribunaux permanents en vertu de lois spéciales votées à la fin de la république ou au commencement de l'empire. (1) « *non omnia judicia in quibus crimen vertitur publica sunt, sed ea tantum quæ ex legibus judiciorum publicorum veniunt.* » (*Dig.*1. *de pub. jud.*).

Avant d'examiner l'organisation de ces tribunaux permanents, nous énumérerons sommairement les crimes prévus et punis par ces lois spéciales. (*Dig. eod. loco. de pub. jud.*).

1° Concussion.

Ce crime était très fréquent. Vers la fin de la république, Rome, comme certaines capitales modernes, était un immense marché cosmopolite. L'Italie ruinée avait cessé d'être un pays de production, les

1. Maynz. 8. n° 1. 11 9.

4.

produits du monde connu affluaient dans Rome,
la ville avait cessé d'être belliqueuse pour se transformer en un foyer d'affaires et de spéculations ;
mais toutes ces spéculations avaient une source
et un but uniques, le pillage des provinces. (1)
Celles-ci ne manquaient pas de se plaindre, mais
n'avaient point d'autre ressource que de s'a-
dresser au Sénat qui avait pour mission de sur
veiller et de protéger leurs intérêts. Le Sénat
avait ainsi une arme à double tranchant, d'une
part il couvrait de sa protection tous les magistrats
de son parti, en leur permettant de s'enrichir impunément dans les provinces, afin de pouvoir ensuite briguer de nouveaux honneurs (2) et d'autre

1. Si l'activité dans la Société romaine n'avait eu ce nouveau caractère, certains peuples étrangers et en particulier
les Juifs n'y auraient pas eu, à cause de leur génie commercial, la puissance qu'ils y avaient. Dans son plaidoyer *pro
Flacco*. § 28. « Vous savez, dit Cicéron en parlant des Juifs,
combien est considérable leur nombre, leur union (*concor-
dia*), leur pouvoir dans nos assemblées. » En plaidant contre eux il était obligé de les ménager. « Je parlerai tout
bas, *summissâ voce agam*, ajoute-t-il, afin que les jurés seuls
puissent m'entendre.

2. En effet, dans la république romaine si démocratique
en apparence, on ne pouvait arriver au pouvoir qu'à la condition d'être immensément riche : (Suétone, *vie de César,
d'Octave*) d'autre part, à la fin de la république, le sénat était
hanté de la crainte d'une dictature démocratique et pour
lutter contre la popularité des citoyens qu'il redoutait, il re-

part il jugeait avec sévérité et ruinait les magistrats du parti contraire.

Aussi l'établissement d'un tribunal permanent institué par la loi *Calpurnia* (605) (Cicéron. Brutus 27. § 106), pour juger les affaires de concussion, fut pour la puissance du sénat un échec redoutable. Il en para l'importance en obtenant que les juges de ce tribunal fussent pris exclusivement dans l'*ordo senatorius* (C. Gracchus, Plutarque, 34).

La création de ce tribunal n'eut pas le caractère d'une réforme.

Auparavant, quand le Sénat jugeait à propos d'écouter la plainte des alliés, le procès engagé était purement civil. Devant le nouveau tribunal, l'action demeure civile, ayant pour but non pas une condamnation pénale, mais seulement la restitution des sommes illégalement perçues (Cicéron, *in Verrem*, 1, 14. 2e act., III, 2-6).

Mais la loi Calpurnia dut être vite populaire, et le protection qu'elle organisait contre la cupidité des gouverneurs fut élargie par d'autres lois : *Lex*

courait à de fréquentes distributions d'argent et de blé. On conçoit aisément que pour résister aux dépenses des campagnes électorales et alimenter cette politique ruineuse et égoïste qui préparait sûrement les voies au césarisme, des fortunes suffisantes ne pouvaient s'acquérir qu'en rançonnant impunément les provinces.

Junia, Servilia, Acilia, Cornelia et enfin par la loi *Julia*
repetundarum votée pendant le consulat de Jules-
César (*Dig.* 6, *de leg. Jul. repet.*) Cod. 1, *ad. leg.*
Juliam repet. Paul, *Sentences*, v. 28). L'une de ces
lois, la loi *Acilia*, rendue, d'après Maynz et Zumpt,
pendant la première moitié du VII° siècle, modifia
même le caractère de l'action de *r. petundis* et de civile la rendit pénale, en disposant que le condamné
devrait verser le double des sommes extorquées.
Enfin, la loi *Julia* porta la condamnation jusqu'au
quadruple. Ne pouvant payer des sommes aussi
fortes, l'accusé était le plus souvent obligé de s'exi-
ler et subissait ainsi une peine capitale.

2° *Lèse-majesté.* — Tout acte qui portait atteinte
non pas seulement à la sécurité de l'État, mais à la
dignité du peuple souverain était un crime de lèse-
majesté. La République forgea et prépara elle-même
pour les besoins du despotisme impérial un merveilleux instrument. (Tacite, *Ann.* 1, 72 ; Suétone, *Vie*
de Tibère). La plus importante des lois sur ce sujet
fut la loi *Julia de majestate* (708) souvent renouvelée
sous l'empire. Elle avait été précédée de plusieurs
lois et plébiscites, *Leges Apuleia* (653), *Cornelia* (667),
Varia (663).

D'après la loi *Julia* la peine était l'interdiction de
l'eau et du feu, sous l'Empire, la peine de mort (Code,
1-5, *Ad leg. Juliam majest.*).

3° *Brigue*. — Les accusations de brigue étaient fréquentes à Rome. Dans cette société oisive, tourmentée par les besoins du luxe et de l'apparat, la munificence était pour tous les citoyens riches une obligation en quelque sorte professionnelle. Il était de règle que chacun d'eux reçût chaque matin ses amis et ses clients et leur fît des cadeaux (Suétone, *Tibère*, § 34). La limite entre les manœuvres permises et la brigue était donc fort délicate, après chaque élection les candidats évincés ne laissaient pas que d'accuser les candidats vainqueurs.

Aussi les lois furent-elles fréquentes contre les brigues. (*Lex cornelia* (535), *Tullia* (651), *Licinia* (655), *Pompeia* (702), *lex Julia* (Paul, v. 30). Le premier tribunal permanent institué pour en connaître fut établi pendant la première moitié du VII° siècle (Brutus, 30). Un autre tribunal permanent fut établi par la loi *Licinia* contre les sociétés politiques (*sodalitia*). La peine prononcée par ces tribunaux était l'exil (*pro Murena*, 23, 32).

4°. *Homicide, empoisonnement, parricide*. — Les assassinats devinrent très fréquents à la fin de la République à cause des mœurs violentes occasionnées par les guerres civiles et les proscriptions (Sénèque, *De clementia*, 1, 23 ; Cicéron, *Pro sestio*). Sylla qui avait restitué aux sénateurs le droit de siéger seuls comme juges dans les tribunaux permanents et qui

tenta de restituer au parti aristocratique sa puissance
institua quelques nouveaux tribunaux. La loi *Cornelia de sicariis et veneficiis*, rendue pendant sa dictac-
ture, punit tous les meurtres et toutes les tentatives
de meurtre (Dig., 1, § 1, 14, *Ad leg. Corneliam*; Paul,
v. 23, § 3). La loi *Pompeia de Parricidiis* punit le
meurtre des proches parents (*pro Sestio*, 25). Les
peines du parricide furent étendues par une constitution de Constantin au père qui tue son fils (*constit.
unic.*, code Théodosien, *de Parricidiis*).

5° *Violence.* — Justinien dans ses *Institutes* (IV, 18-
8) distingue deux sortes de violence, la violence publique qui s'exerce à main armée, la violence privée
qui a lieu sans armes. Il y eut sans doute des tribunaux distincts pour juger ces deux sortes de violence
(1, *De publ. Judiciis*). Les tribunaux connaissaient
sous cette rubrique d'un très grand nombre de délits (D. 3 et 5, pr. 48, VI). Il est certain, comme le
fait observer Maynz (11) que la compétence étendue
de ces tribunaux fut pour Auguste un des moyens
dont il usa « pour diminuer l'autorité des comices et
assoupir l'esprit public ». Avant les lois *Juliæ* la loi
Plautia votée en 651 punissait seulement les violences commises par les fonctionnaires.

6° *Adultère.* — Pendant longtemps les femmes coupables furent jugées par un tribunal domestique.
Auguste, par la loi *Julia de adulteriis* punit non seule-

ment l'adultère, mais les autres crimes d'impudicité, l'excitation à la débauche (*Lenocinium*) et la complicité du mari aux désordres de sa femme (Dig., 6, § 1, *Ad leg Juliam de adult.*, 14, § 2, *eod. loco* ; *inst.* l. IV, 18, § 4).

VI. — D'autres tribunaux furent institués par Sylla pour connaître des faux en écriture et de l'altération des monnaies (*Lex Cornelia de falsis*) (Dig. 9, *de lege Cornelia de falsis*).

VII. — Sous Auguste ou sous César pour connaître du *peculat* ou vol des deniers publics, du *sacrilege* ou vol de choses consacrées aux dieux supérieurs, de la rétention des deniers publics (*de residuis*). (D. 2. 4. 5. *Ad leg Juliam peculatus*).

VIII. — Une loi de J. César (*lex Julia de annonâ*) punit ceux qui par des manœuvres provoquent la hausse des vivres, ou retardent les vaisseaux apportant des approvisionnements.

Chacune de ces lois fixait la pénalité et réglait la procédure devant le tribunal qu'elle instituait. Aussi ces tribunaux n'ont-ils point de règles uniformes (Maynz, 12. Willems, p. 312, ch. 5). Nous examinerons seulement les traits généraux de la procédure et surtout de l'organisation de ces tribunaux.

Ce qui apparaît tout d'abord dans l'organisation de ces tribunaux, c'est la distinction entre l'office du magistrat et celui du juge, entre le point de droit et le point de fait, entre le *jus* et le *judicium*. Quelle que soit l'opinion que l'on ait sur la portée de la loi *Pinaria* dont Gaïus (C. IV, § 15) dit « *antea eam legem .... dabatur judex* », sans qu'on puisse savoir si la lacune de cette phrase doive être remplie par le mot *nondum* ou au contraire par le mot *statim*, il est fort probable que la division de la procédure civile en deux parties, exista de tout temps. Fondamentale en droit civil cette distinction dut exister aussi, quoique moins régulièrement, en droit criminel. Dans le passage ou Tite-Live raconte le procès d'Horace il oppose nettement le mot *jus* au mot *judicium*. La même opposition se retrouve dans la loi des XII Tables.

Dans la juridiction des comices, nous avons vu que le magistrat qui présidait proposait au peuple la peine encourue. Les comices n'avaient à juger qu'un fait purement matériel et à statuer sur la proposition faite par le magistrat. Il y avait aussi deux éléments bien distincts dans la composition d'un tribunal permanent, d'abord l'office du magistrat qui fixe le point de droit au nom de l'État, *dicit jus*, ensuite l'office du juge qui répond aux questions posées par le magistrat. Le juge civil est strictement lié par la formule délivrée par le ma-

gistrat, de même le juge criminel est lié par les
questions qui sont soumises à son examen.

Des magistrats. — Le mot de magistrat possédait
dans la langue latine une acception très étendue.
Le magistrat est celui qui détient une partie quelconque de la puissance publique. Le magistrat
supérieur est investi de l'*imperium*, lequel d'après
Ulpien (§ 3, livre II, tome I), se divise en *imperium*
mixtum et *imperium merum* « *merum est imperium*, »
dit Ulpien, *habere gladii potestatem ad animadver-*
tendum facinorosos homines, ... « Mixtum est
imperium cui etiam jurisdictio inest ..... jurisdictio est
etiam judicis dandi licencia. » Le magistrat dispose
donc de la force publique et du droit de rendre la
justice. Cette confusion des pouvoirs fut surtout
préjudiciable à la justice criminelle, qui ne fut
jamais, comme chez les nations modernes, confiée à
des magistrats spéciaux soucieux du droit et de
l'équité.

Pendant les quatre premiers siècles, elle appartint surtout à des sénateurs ou à des fonctionnaires publics choisis exclusivement dans l'ordre patricien. Ceux-ci, préoccupés de combattre les enva-
hissements du parti plébéien, chargés d'ailleurs le
plus souvent de poursuivre des crimes contraires à
l'ordre public ou à la sûreté de l'État, dont ils étaient
gardiens et défenseurs, ne pouvaient pas avoir la

qualité essentielle du magistrat, l'impartialité. Il leur arriva sans doute fréquemment d'être de bonne foi, même en sacrifiant la justice aux intérêts de leur parti, car c'est une illusion facile à tous ceux qui gouvernent que d'identifier leurs intérêts personnels à ceux de la société ou de l'État.

D'après un ancien texte rapporté par Cicéron (*de Legibus*, III, 3), les magistrats de Rome recevaient autrefois indifféremment le titre de consul ou celui de préteur. La qualification de préteur ne prit un sens spécial que quand le morcellement de l'*imperium* des consuls donna naissance à de nouvelles magistratures, de même qu'autrefois le morcellement de l'*imperium* royal avait donné naissance au consulat. Lorsque le consulat devint accessible au parti plébéien, (387 u. c.), les pouvoirs consulaires furent divisés et le pouvoir judiciaire proprement dit appartint à des magistrats appelés préteurs, lesquels furent choisis d'abord exclusivement parmi les patriciens. Il est vrai que la création de cette nouvelle magistrature peut s'expliquer par les absences trop fréquentes des consuls, obligés de quitter Rome pour commander les armées (Pomponius, 27, *de orig. juris*) ; mais d'autre part il était conforme à la politique du Sénat d'amoindrir par des biais habiles le résultat des concessions que le peuple lui arrachait. De tout temps les consuls avaient été presque toujours ab-

sents de Rome pour combattre en tête de leurs lé-
gions. Le Sénat n'aurait peut-être pas cherché à diviser l'*imperium* des consuls, si ce pouvoir, pouvant
passer entre les mains d'un plébéien, n'avait pas
menacé de se retourner contre lui. Les préteurs rem-
plaçaient les consuls pendant leur absence, mais
leur fonction principale était de rendre la justice
« *is juris civilis custos esto* » (Cicéron). Le premier
préteur fut appelé *prætor urbanus* « *quod in urbe jus
redderet* » (Pomponius, § 27 et s., *de orig. juris*) ;
ensuite, comme ce préteur ne pouvait suffire à juger
tous les procès à cause de la foule des pérégrins qui
venait se fixer à Rome, un préteur pérégrin fut ad-
joint. Enfin, lorsque la Sardaigne, la Sicile, l'Espa-
gne et une partie de la Gaule furent conquises, un
préteur fut placé à la tête de chacune de ces provinces « *totidem prætores creati sunt, partim qui urbanis
rebus, partim qui provincialibus præssent.* »

Sylla ayant augmenté le nombre des tribunaux
permanents, créa quatre nouveau préteurs. Vers la
fin de la république il y eut douze préteurs. Les préteurs étaient élus, par les comices sans désignation
de fonctions particulières ; mais ensuite à l'amiable
ou sur l'ordre du Sénat ils se spécialisaient, les uns
gouvernaient les provinces, les autres présidaient à
l'administration de la justice civile ou criminelle.
(T. L., 25, 3). Les préteurs en général préféraient

prendre le commandement d'une province que de
présider un tribunal criminel, souvent ils recouru-
rent à l'usage des délégations pratiqué de tout
temps. Un principe général interdisait il est vrai la
délégation du droit de justice criminelle. « *Nemo*
potest gladii potestatem sibi datum ad alium tranferre »
(Dig. 70 de reg. juris) mais d'après Papinien (I pr.
L. 1, t. 21) les magistrats romains en pratique ne
se conformaient pas toujours à cette règle. D'ailleurs
au cas d'absence ils étaient toujours en droit de déléguer même leurs attributions criminelles. Souvent
les préteurs qui n'avaient pu obtenir un commandement en province, sollicitaient ou recevaient du
Sénat une mission extraordinaire, (T. Live, 40. 37)
d'autre part le nombre des tribunaux permanents
augmentant, (Pomponius de or. Juris) les préteurs
n'étaient plus en quantité suffisante pour les présider. Souvent les préteurs durent pour ces différents
motifs déléguer leur pouvoir. Ceux à qui ils faisaient
cette délégation prenaient le titre de *judex quæstionis*.
Investi de cette délégation, le *judex quæstionis* rem-
plissait les mêmes fonctions que le préteur et comme
lui présidait le tribunal. Les avocats en s'adressant
à lui ne manquaient pas de lui donner le titre de
préteur. (Cicéron pro sextio 5).

Aussi a-t-on soutenu quelquefois que ce *judex*

était un véritable magistrat, mais Pomponius dans
le passage où il énumère toutes les magistratures
ne fait pas mention de cette dignité, d'autre part,
on sait que les magistrats romains ne pouvaient
être traduits devant les tribunaux qu'au sortir de
leur charge, or Cicéron (pro cluentio. 33), parle d'un
C. *junius* « *qui tunc condemnatus quum esset judex
quæstionis* ». Laboulaye (Lois criminelles des romains, p. 328) pense avec raison que le *judex* était
un simple délégué du préteur « on ne trouve » dit-
il « aucune trace d'une élection d'un *judex quæstionis* faite par le peuple dans les documents qui nous
sont restés, or cette élection n'eût certainement pas
passée inaperçue ». La vérité est qu'en général les
judices quæstionis étaient pris parmi des gens ayant
au préalable exercé quelque magistrature, notamment l'édilité. (Suétone, vie de César 17). Le fait
d'avoir présidé un tribunal permanent en qualité
de *judex quæstionis* était une étape, le moyen de préparer une candidature aux hautes fonctions de préteur ou de consul.

Préteur ou *judex quæstionis*, le magistrat qui préside un tribunal permanent n'y exerce qu'un pouvoir très restreint.

Même dans cette partie du procès qui se passe
devant le magistrat *in jure* l'autorité du magistrat
est réduite à ses extrêmes limites. Devant les comi-

ces, le magistrat était encore maître de l'action publique, il prenait l'initiative des poursuites, convoquait l'assemblée, et lui présentait, concentrés dans l'accusation, tous les faits et charges qu'il avait relevés pendant l'instruction. Il avait la faculté d'établir l'accusation sur telles bases qu'il lui plaisait, sans avoir à redouter des nullités de procédure, il proposait la peine librement en invoquant les traditions, les précédents, « *more majorum* ». Devant les tribunaux permanents, de tels pouvoirs n'existent plus, la procédure est réglée à l'avance en deux phases distinctes, mais dans l'une comme dans l'autre, *in jure* comme *in judicio*, le préteur préside et ne gouverne pas, il a cessé de jouer un rôle actif.

C'est un simple particulier qui dénonce, accuse et instruit le procès. Dans la deuxième partie de la procédure, *in judicio*, devant les juges, le rôle du préteur n'est pas plus actif, il tire au sort le nom des juges, préside les débats, assure le bon ordre de l'audience.

Le rôle du préteur n'a que très peu d'analogie avec celui de nos présidents d'assises qui non seulement président mais dirigent les débats, interrogent successivement les témoins à charge et à décharge, et questionnent l'accusé de façon à le mettre en contradiction avec lui-même et à lui arracher un aveu, malgré l'irrésistible instinct de la conservation, et contrairement au texte de nos lois, (art. 310, 314, 315 C. I.

cr.) à Rome, comme aujourd'hui encore en Angleterre,
le magistrat reste arbitre impartial entre l'accusation et la défense. L'accusateur et l'avocat s'empa-
rent des témoins, l'accusateur interroge ses témoins
et les livre ensuite à l'examen contraire du défenseur. L'avocat procède de même, et c'est de ces
deux interrogatoires opposés, que doit sortir la lu-
mière. Quand Cicéron accusa Verrès, il pria son ad-
versaire, le célèbre Hortensius, d'interroger lui-même
les témoins à charge. L'accusation et la défense engagent leur duel librement, comme elles l'entendent,
le préteur juge des coups, se maintient en dehors et
au-dessus de l'arène. Un pareil système, respec-
tueux de la conscience humaine, abandonnant à
l'accusateur et à l'avocat, toutes les ruses les violences et les surprises, ne permettant à la justice im-
passible que l'examen des faits matériels, prouve
que les Romains avaient de la dignité de la justice
une idée très haute et très élevée.

En Angleterre, le système accusatoire existe encore, mais très différent de ce qu'il était à Rome.
C'est, en effet, la victime du délit, ou le plus souvent en pratique, le syndicat (1) auquel appartient

---

1. En Angleterre l'institution du ministère public n'existe
que depuis 1880 et à l'état embryonnaire, mais chaque profession a constitué un syndicat, lequel prend l'initiative des
poursuites contre les délits dont un de ses membres vient à

la victime du délit qui prend l'initiative des poursuites.

L'accusateur est donc un simple plaignant qui
poursuit la réparation d'un dommage personnel. A
Rome l'accusateur n'a ou ne doit avoir aucun intérêt personnel à son accusation. Il supplée le magistrat précisément en ce sens qu'il parle au nom de
la morale outragée, de la loi violée, de l'ordre public troublé. Il cite la loi, et requiert une peine au
nom de la société, et dans l'intérêt général de la
société. C'est qu'en effet le principe de la souveraineté populaire, ainsi que nous l'avons déjà rap-
pelé, faisait de chaque citoyen un membre souverain de la cité, une sorte de fonctionnaire en qui
l'état tout entier s'incarnait. Ce citoyen n'avait donc
pas seulement à veiller à sa propre sécurité, mais
aussi à celle de l'État. Aujourd'hui dans certains
pays monarchiques, notamment en Angleterre, les
actes d'accusation ne concluent pas en disant qu'il
y a eu violation de la paix publique, mais violation
de la paix du roi ou de la reine, parceque le souverain représente la société tout entière.

Que l'on transporte cette notion dans la République romaine, et l'on conçoit aisément, comment un

à être victime (V. Mittermaier, Dr. criminel en Angleterre,
Écosse et Amérique).

citoyen en poursuivant, en son nom personnel, l'application de la loi, avait cependant le caractère et la majesté d'un magistrat, et comment en vertu de cette conception des droits et des devoirs de chaque citoyen, l'exercice du droit d'accusation s'éleva à la hauteur d'une véritable magistrature sociale. Sans doute, la victime même du délit n'était pas écartée du droit d'accuser le coupable, « *Tamen omnes, si suam injuriam exequantur, mortemve propinquorum defenendant ab accusatione non excluduntur.*» (Dig. L. 8, *De acc.*), mais en ce cas, la situation du plaignant n'a ni le même caractère, ni la même dignité que celle de l'accusateur proprement dit. Pour être accusateur, il faut justifier de certaines conditions d'âge, de sexe, de moralité, et même de fortune, tandis qu'aucune de ces conditions n'est exigée de la victime même du délit.

L'accusateur dirige l'instruction, cette intervention d'un simple particulier, réduit considérablement les pouvoirs du magistrat. Toutefois, même dans ces pratiques, on découvre une nouvelle preuve de l'habitude qu'avaient les romains de respecter les règles mêmes dont ils voulaient l'abolition, et de les tourner habilement plutôt que de les supprimer. Ainsi le préteur est remplacé dans la plupart de ses attributions par un simple particulier mais les pouvoirs qui sont nécessaires pour pour-

5.

suivre et instruire, l'accusateur ne peut les tenir que
du préteur, lequel en droit, demeure seul déposi-
taire et représentant de la puissance publique. Seul
le préteur « *habet gladii potestatem* », mais en fait il
confie à l'accusateur le pouvoir de poursuivre l'ac
cusé jusqu'au jugement. Il lui remet une commission *Lex*, un mandat comme nous dirions aujour-
d'hui. Cicéron, pour saisir les registres de Verrés,
fut obligé de montrer et de lire son mandat au préteur de la Sicile : « *Ego recitare legem, omnium mihi
tabularum et litterarum fieri potestatem oportere.* »
(2° actf, *in Verren*, IV, 66). C'est seulement en
vertu des pouvoirs conférés par cette « *lex* » du magistrat que l'accusateur a qualité pour citer des
témoins, faire des perquisitions, apposer les scellés
(*in Verren*, 2° actf, I, 19, I. 23) et faire en un mot
tous les actes utiles à la découverte de la vérité.
C'est à ce titre encore que le droit d'accusation
constitue une charge publique, et que celui qui en
a été investi par la confiance du préteur a droit à
l'obéissance des autres citoyens et peut faire acte
d'autorité. Au cours de l'instruction menée aussi par
l'accusateur, l'égalité des forces entre l'accusation
et la défense n'est jamais rompue. L'accusé demeure libre, il discute à mesure qu'elles naissent les
charges relevées par l'accusation. Il est à l'égard de
son accusateur, dans la situation d'un défendeur à

un procès civil « *nullus in carcerem priusquam con-*
vincatur, omnino vinciatur » (code 2. IX, 3). Tant
que la preuve de la culpabilité n'est pas établie,
l'accusateur et l'accusé doivent être traités de la
même manière : « *Tamdiu pari cum accusatore for-*
tuna retineri donec repererit cognitio celebrata discri-
men » (Code, *eod. loco*).

En outre, les audiences du préteur ont lieu au
Forum en présence du public. C'est la plus large
publicité qu'on ait jamais organisée, bien plus ef-
fective et complète qu'en Angleterre où la publicité de l'instruction est en pratique corrigée par le
droit qu'a le juge d'ordonner librement le huis-
clos. Il est probable toutefois que les romains n'eurent pas à souffrir de ce système si défavorable
qu'il paraisse être aux intérêts de la répression.

La contradiction et la publicité dans l'instruction,
en un mot la liberté de la défense, survécurent en
effet à la république.

Alors même qu'un citoyen, au lieu de rester libre
était mis *sub custodiâ*, c'est-à-dire en prison préventive, la loi exigeait que le magistrat chargé de l'interroger procédât à cet interrogatoire en présence de
quelques notables et du défenseur de l'accusé.
« *custodias auditurum tam clarissimos vires quam pa-*
tronos consacrum » (Dig. 12. 48-1). Le principe de la

publicité était ainsi sauvegardé par la présence du
défenseur et de quelques notables (1).

Il est manifeste en résumé que dans un tel système, le magistrat n'a aucune prise, aucune influence directe sur les actes préparatoires du procès. C'est seulement par des moyens indirects comme
le droit de choisir librement l'accusateur ou de ré-
diger le libelle, l'acte d'accusation qu'il pouvait y
intervenir efficacement. L'acte d'accusation avait en
effet la plus grande importance, car les tribunaux
permanents n'étant compétents que pour juger les
crimes spéciaux en vue desquels ils avaient été institués, l'inculpation formulée dans le libelle de l'accusation ne pouvait pas être modifiée au cours des
débats, et si la défense réussissait à établir l'existence
d'une erreur de droit, l'absolution s'imposait aux juges. Aussi dans cet acte de procédure, le préteur re-
prenait toute sa supériorité sur l'accusateur, à moins
que celui-ci ne fût lui-même un jurisconsulte adroit
et subtil. (3. § 2 de accusat. 3. § 1. Cod. loco).

Les actes d'accusation étaient fort courts (D. 3 de

1. Le décret d'octobre 1789 qui introduisit la publicité de
l'instruction dans notre législation d'où elle fut effacée quelques années plus tard, l'avait organisée par la présence aux
interrogatoires de quelques citoyens notables, aujourd'hui
en France, on se préoccupe d'abandonner enfin la procédure
inquisitoriale et de fortifier les garanties de la défense.
(Leveillé, réforme du code d'instruction criminelle).

accus) et comme en Angleterre renfermaient strictement les énonciations nécessaires à l'explication
de la cause contrairement au système français où
l'acte d'accusation renferme de nombreux détails
non seulement sur les faits de la cause, mais aussi
sur la moralité et les antécédents de l'accusé et constitue un véritable réquisitoire, susceptible de prévenir l'esprit des jurés, dès le début, d'une façon défavorable à l'accusé.

Lorsque le libelle était dressé et que tous les éléments du procès avaient été réunis, la procédure
in jure était terminée, au jour fixé l'accusateur et
l'accusé comparaissaient *in judicio* devant les juges.

On voit combien cette organisation était respec-
tueuse de la liberté individuelle et des intérêts de
la défense. Les pouvoirs légaux du magistrat sont
aussi restreints que possible ; mais en pratique les
préteurs obviaient souvent à cet inconvénient, soit
en employant des procédés peu scrupuleux (*in Verrem*, 2ᵉ ac. I. 61 ; Juvénal, sat. XIII), soit, s'ils
étaient tout puissants, en imposant leur volonté.
César n'ayant pu, à cause des intrigues du parti patricien, obtenir le commandement de l'Egypte, et res-
tant à Rome pour présider la *questio de sicariis*, se
vengea en rangeant parmi les assassins, malgré les
lois de Sylla, tous ceux qui avaient reçu de l'argent
du Trésor public pour avoir rapporté au dictateur
les têtes des citoyens proscrits (Suétone, *César*, 11).

IV. — *Des juges.*

C'est devant eux qu'a lieu la deuxième partie de
la procédure *judicium* qui aboutit au jugement.

L'existence de tribunaux permanents, était loin
d'être une nouveauté quand le premier tribunal
criminel fut constitué. On pense même que du
temps des rois il y avait déjà des tribunaux civils
permanents. Le tribunal des centumvirs existait
dès les premiers temps de Rome et connaissait
particulièrement des procès de succession et de
propriété (Cicéron, *de Oratore*, 1. 38 ; Gaius, IV.
16). On s'explique que grâce à la confusion d'une
partie du droit pénal avec le droit civil, et à l'usage
des délégations, les Romains n'aient pas senti de
suite la nécessité d'avoir des juges criminels siégeant
à l'état permanent, mais ils n'auraient pu s'accom-
moder d'une justice civile irrégulière et intermit-
tente, comme l'était la justice criminelle. Les jugements civils étaient donc rendus soit par un tribunal permanent, soit par un ou plusieurs juges. Ces
juges étaient de simples particuliers, des jurés. Ils
avaient le nom de *recuperatores* ou d'*arbiter* ; mais ces
jurés n'étaient pas pris indifféremment parmi tous

les citoyens. Pour être juré il fallait appartenir à
l'ordre sénatorial. Plus tard il a suffi d'être chevalier ou même tribun du trésor. Enfin les jurés furent
pris dans toute la nation.

Les restrictions à la faculté d'être juré ont leur
raison d'être dans un jury civil parce que les connaissances juridiques nécessitées par la solution
même du point de fait, dans un procès civil, sont à
la portée de peu de gens. Lorsque les tribunaux permanents furent institués pour juger les causes criminelles, les mêmes restrictions au droit d'y siéger furent apportées. Logiquement les jurés composant ces
tribunaux auraient dû être la représentation même
des comices et se recruter en conséquence parmi
toutes les classes de la nation. Il n'en fut rien. Les
premiers juges criminels ne purent être pris que dans
l'ordre sénatorial. « Les sénateurs étant seuls chargés d'abord, du jugement de toutes les affaires, se
faisaient redouter du peuple et des chevaliers. »
(Plutarque, C. Gracchus, 34). La cinquième loi
proposée par C. Gracchus pendant son premier tri-
bunat eut pour objet d'amoindrir cette puissance, en
ajoutant au trois cents sénateurs qui occupaient
alors tous les tribunaux, autant de chevaliers romains. Le peuple non seulement approuva cette loi,
mais en outre conféra à Gracchus le droit de choisir
lui-même les chevaliers qui seraient admis au nom-

bre des juges, droit qui au dire de Plutarque (8.35)
l'investit d'une autorité presque monarchique et
força le Sénat à ne plus agir sans le consulter.

Ce changement était si considérable dit Montesquieu (*Esprit des Lois*, XI, 18) « que le tribun se
vanta d'avoir par une seule rogation, coupé les nerfs
à l'ordre des sénateurs. » Les orateurs avaient l'usage
de se tourner vers le Sénat lorsqu'ils parlaient devant le peuple, C. Gracchus commença à se tourner
vers la place publique. Ce procédé, dit Plutarque,
fit sensation dans Rome, et le tribun apprit ainsi
aux orateurs que c'était au peuple et non au Sénat
que les discours devaient être adressés (§ 34). Les
plébéiens haussant encore leurs prétentions deman-
dèrent et obtinrent que les plus riches et les plus
imposés d'entre eux fussent inscrits sur la liste des
juges. La justice réformée ainsi ne fut sans doute pas
moins scandaleuse et le Sénat en profita pour reven-
diquer son ancien privilège, qui lui fut restitué par
Sylla (678, U. C.). Cicéron, dans plusieurs de ses
plaidoyers répète que la justice des sénateurs était
vivement souhaitée par le peuple romain, et que le
peuple espérait trouver dans leur ordre une plus
ferme probité. Il est vrai que Cicéron parlant ainsi
plaidait devant des juges appartenant à *l'ordo senatorius* (*Pro Sextio*, 3) et que ses paroles étaient probablement de simples artifices du genre de ceux dont

les avocats sont toujours prodigues dans l'exorde de leurs plaidoiries, envers les magistrats, alors même qu'ils tiennent ceux-ci en médiocre estime.

Les réformes de Sylla étaient des réformes violentes, entreprises par un homme de génie contre le courant qui emportait son époque, elles ne pouvaient lui survivre : une loi Pompeia votée en 699 restitua aux trois ordres le droit de juger et jusqu'à la suppression des tribunaux permanents la lutte subsista avec des péripéties diverses, mais qui toutes eurent pour effet d'inspirer au parti vainqueur le désir de se venger et de se faire rendre justice, bien plus que de la rendre aux justiciables (Tacite, *Annales*, XII, 60). « Claude acheva de perdre les anciens ordres en donnant à ses officiers le droit de rendre la justice. Les guerres de Marius et de Sylla ne se faisaient que pour savoir qui aurait ce droit des sénateurs ou des chevaliers ; une fantaisie d'un imbécile l'ôta aux uns et aux autres ; étrange succès d'une dispute qui avait mis en combustion tout l'univers. » (Montesquieu, *Gr. et déc. des Romains*, 15). Cette dispute acheva en outre de corrompre la justice romaine, en la sacrifiant sans cesse aux intérêts de chaque parti. Ces ardentes compétitions n'avaient pas seulement pour objet le recrutement des juges mais aussi leur mode d'élection. A Rome, les juges n'étaient point élus par le peuple, mais le peuple sentait combien

ce droit eût été pour lui une conquête importante :
au fond comme on l'a dit avec raison : « celui-là juge,
qui choisit le juge. » C'est pourquoi il avait conféré
à C. Gracchus le droit de choisir les juges ; mais ce
ne fut qu'une victoire éphémère.

En réalité le peuple ne nommait les juges qu'indirectement : il élisait le préteur qui à son tour
dressait une liste spéciale de juges pour les besoins
du tribunal qu'il présidait. Ensuite la loi Pompeia
substitua à ces listes spéciales une liste générale et
confia au préteur urbain le droit d'élire tous les
jurés « *pretores urbani qui debent optimum quemque in
selectos judices referre.* » (Cicéron, *pro cluentio,* 43).
Le nombre des jurés portés sur la liste générale
varia souvent. Lorsque le droit de juger eut perdu
son importance politique, les jurés furent au nombre de plusieurs milliers et furent recrutés même
parmi le bas peuple. Les attributions du préteur
urbain lui donnaient un pouvoir immense. Pour en
prévenir les abus, la loi exigea que le préteur dres-
sât la liste au moment d'entrer en charge, afin qu'il
ne pût ensuite la modifier. La liste était publique-
ment affichée de façon à ce que chacun pût la con-
trôler. Ce système avait au moins l'avantage de donner plus d'indépendance aux jurés à l'égard du
président spécial du tribunal. Quant à la liste de
jugement elle se formait soit au moyen du tirage

au sort (*sortitio*) soit par le choix de la défense et
de l'accusation (*editio*). Le nombre des jurés inscrits
sur la liste de jugement était très variable, d'abord
parce que les lois qui avaient organisé les différents
tribunaux avaient réglé ce point diversement,
ensuite parce que le nombre des jurés inscrits sur la
liste générale fut lui-même souvent modifié.

Le droit de récusation était largement exercé. Le
droit pour tout justiciable de choisir librement son
juge était en effet un des principes fondamentaux
de la justice romaine. Devant le jury ainsi constitué, soit par le sort, soit par le libre choix des intéressés, l'accusateur prenait le premier la parole
pour développer les griefs énumérés dans le libelle
d'accusation. Le défenseur répondait ensuite. Il
semble bien que les Romains avaient compris que
ce qui fait la grandeur et la sécurité de la justice
humaine est de considérer seulement les faits et les
circonstances matérielles de l'incrimination. La
procédure était purement orale. En France, elle
l'est aussi devant les jurés, mais comme le président dirige les débats et qu'il ne connait l'affaire
qu'en étudiant le dossier de l'instruction écrite, il
s'attache inévitablement à faire reproduire par tous
les témoins les mêmes dépositions qu'à l'instruction. Le ministère public et l'avocat s'engagent
ensuite sur le même terrain ; il n'est pas nécessaire

de fréquenter beaucoup nos cours d'assises pour se convaincre que les débats de l'audience sont inspirés par la procédure écrite et dominés par la recherche constante de l'aveu.

D'autre part, les dépositions des témoins avaient une telle importance qu'elles étaient entendues après les plaidoyers.

En mettant ainsi face à face l'accusé, l'accusateur et les témoins, en écoutant les dépositions, les répliques et les ripostes, désignées par le mot très expressif d'*altercatio*, le juré romain pouvait en quelques instants condenser la vérité. Elle ne lui arrivait pas comme chez nous, refroidie, retardée par d'interminables interrogatoires, embarrassée nécessairement de contradictions multiples qui jettent le doute et l'incertitude dans l'esprit des jurés. L'habitude de faire entendre les témoins après les plaidoiries avait sa raison d'être dans l'idée que les Romains se faisaient de l'éloquence judiciaire. Les avocats cherchaient à émouvoir plutôt qu'à convaincre les jurés, et pour gagner leur esprit commençaient par gagner leur cœur. (C. *Pro Sextio*, 69). De son côté l'accusateur tâchait de soulever la colère et l'indignation des jurés, « *propositum ut iratum efficiat judicem* ». Il était nécessaire que les jurés aient le temps de se ressaisir avant de décider, afin de se défendre contre les surprises de l'émotion et de la pitié dont

le propre est de désarmer les plus justes sévérités.
La justice avait donc à Rome un aspect théâtral et
tragique. Elle y perdait peut-être un peu de cette
dignité froide et correcte dont nous noussomme faits
aujourd'hui un idéal, mais elle y gagnait en mouvement, en chaleur et certainement en éloquence.

Les applaudissements du public qui, chez nous,
sont contraires, paraît-il, à la dignité de la justice
n'avaient pas au forum ce déplorable inconvénient.
La conviction des jurés pouvait s'établir par toute
espèce de moyens : il n'y avait pas de preuves légales. Les preuves écrites du genre de celles dont
Cicéron use dans quelques-uns de ses plaidoyers
(*Pro Flacco*, 9, *in Verrem*, 2ᵉ act. 3-66) ont pu avoir
une certaine importance, à cause de l'usage qu'a-
vaient tous les pères de famille, de tenir des registres « *codices accepti et expensi*», mais la place même
attribuée aux dépositions des témoins, le caractère
général de la procédure, les nombreuses dépositions législatives qui y ont trait, montrent que la
preuve testimoniale était la principale devant les
juridictions criminelles. « *Testimoniorum usus fre-
quens ac necessarius est.* » (D. I., pr. *de Testibus*. « *Ma-
jores nostri.* » dit Cicéron, « *voluerunt qui testimonium
diceret, ut arbitrari se diceret, etiam quod ipse vidisset* »
(Académiques, L. II, 47). A Rome, il semblait qu'en
accusant un de ses semblables, on ne pouvait apporter trop de réserve et de modération.

Lorsque les différents genres de preuve avaient été employés et que les deux parties déclaraient n'avoir plus rien à ajouter, le président ordonnait que le jugement (*sententia*) fût rendu.

Au début des *quæstiones perpetuæ*, le scrutin était public ; plus tard il devint secret, mais ni l'un ni l'autre de ces procédés n'était suffisant pour empêcher la corruption. Si le scrutin était public, les intéressés prenaient plus aisément les jurés par la crainte et s'il était secret, par la cupidité. Devant les comices, la peine n'était par fixée à l'avance ; mais devant les tribunaux permanents, les peines avaient été déterminées par la loi même qui établissait le tribunal. L'absence complète du droit d'atténuer la peine et de modifier le caractère de l'incrimination, devait conduire à de fréquents acquittements. Toutefois, lorsque les jurés hésitaient et que leur religion n'était pas suffisamment éclairée, ils pouvaient exiger un nouvel examen de l'affaire, *ampliatio*. Quand un procès nécessitait ainsi plusieurs renvois à plus ample informé, l'accusé avait de grandes chances d'obtenir enfin un acquittement. Valère-Maxime (VIII, 1) raconte que le procès en concussion intenté par Scipion Emilien à L. Cotta donna lieu à huit instances successives et se termina par l'acquittement de Cotta.

Les sentences étaient rendues à la majorité des

voix, *ex plurium sententiâ*, et s'il y avait partage, l'opinion la plus favorable à l'accusée était adoptée (C., *pro Cluentio*, 27).

Comme les jurés modernes, les juges n'avaient à statuer que sur le point de fait, à répondre aux questions posées par le magistrat. Quand ils étaient d'avis de condamner, les juges répondaient : « *fecisse videtur* » ce qui est une singulière formule, peu conforme à l'autorité de la chose jugée. Ainsi la formule qui décidait la condamnation ou celle *non fecisse videtur* qui décidait l'acquittement, contenait l'idée d'un doute et d'une erreur possibles.

Pouvait-on en appeler aux comices des arrêts rendus par les tribunaux permanents. La question est controversée. Il est possible que le peuple ait revendiqué cette nouvelle application du droit *de provocatio ad populum,* puisque les jurés au lieu d'être pris parmi toutes les classes de la nation et d'être par conséquent la représentation exacte, le miroir des comices, furent pendant longtemps choisis exclusivement parmi l'ordre sénatorial ou l'ordre équestre, et que l'inscription sur la liste des jurés fut toujours considérée comme un privilège, une faveur, et non comme un droit public. Cependant on ne trouve aucune trace de ce droit. (Maynz, 14).

CHAPITRE IV

DÉCADENCE DES TRIBUNAUX PERMANENTS.

L'organisation des tribunaux permanents avait assurément réalisé un immense progrès sur celle des comices, puisque chaque loi établissant un tribunal permanent, fixait les pénalités, réglait la procédure et chassait en partie, de la justice criminelle, les procédés arbitraires qui en étaient la négation même.

Mais les tribunaux ne connaissaient que des crimes spéciaux en vue desquels ils avaient été institués. La plupart des actes délictueux demeuraient abandonnés à la répression arbitraire et de plus en plus rare des comices. Cicéron donne de cette abstention un motif singulier. « *Quod enim usu non veniebat, de eo si quislegem aut judicium constitueret, non tam prohibere videtur quam admonere.* » Porter une loi contre un délit rarement commis c'est moins l'empêcher qu'en faire naître l'idée. (*pro Tullio*, 2).

Il est vrai que quand un législateur fait une classification générale des délits, il proportionne et cal-

cule la gravité de la peine, surtout d'après la gravité
du fait accompli, ainsi, il tombe presque toujours
dans le défaut de trop matérialiser la criminalité,
parce qu'on ne peut pas à l'avance tenir un compte
exact du degré de responsabilité morale, laquelle
varie sans cesse suivant les individus et les cas. Un
droit pénal coutumier permet dans quelque cas isolés une justice plus exacte, mais d'autre part en général rien n'est plus dangereux qu'un tel droit pour
les libertés d'un peuple, et pour avoir méconnu
cette vérité, les Romains ne réussirent jamais à supprimer de leur législation l'arbitraire et ses inévi-
tables abus. Cependant si étroite qu'elle fût,
l'institution des tribunaux permanents était en
désaccord avec la constitution impériale en vertu
de laquelle l'empereur, cumulant tous les pouvoirs,
exerçait une souveraine juridiction criminelle. Le
præfectus urbi et les magistrats impériaux, tout en
observant la procédure réglée par les lois criminelles, commencèrent par user du droit d'augmenter ou
de diminuer librement les peines fixées par ces lois.
« *Hodie licet ei qui extraordinem de crimine cognoscit
quam vult sententiam ferre, vel graviorem vel leviorem,
ita tamen ut in utroque modo rationem non excedat* (D.
13, 48, 19) « *durante tamen pœna legum,.. extra ordinem crimina probantur* » (D. 8, *de pub. jud.*).

Ensuite ils cessèrent même d'observer la procé-

6

dure et le droit pénal retomba totalement dans l'arbitraire. Tous les cas où le magistrat intervient ainsi sont des cas de *cognitio extraordinaria.* Les *cognitiones extra ordinem* se substituèrent aux tribunaux permanents avec d'autant plus de rapidité que l'organisation de ces derniers était, par suite du changement des mœurs, attaquée dans une de ses règles fondamentales ; aux beaux temps de la république romaine, les rivalités des partis, l'ambition des citoyens désireux de conquérir la renommée et de préparer ainsi leur élection aux hautes magistratures, suscitaient de nombreux accusateurs. Mais lorsque ces luttes furent terminées, que les magistrats furent élus par l'empereur ou par un Sénat entièrement à la dévotion de l'empereur, l'amour du bien public ne pouvait être un mobile suffisant pour décider les citoyens à courir les risques de l'accusation. Les dernières velléités de l'esprit civique, étaient d'ailleurs gênées par les peines sévères portées contre les accusateurs injustes. L'accusateur qui perdait son procès encourait la peine qu'il avait requise contre l'accusé. Le système accusatoire usité devant les tribunaux permanents devint ainsi impraticable. Les magistrats reconquirent le pouvoir d'accuser, et par une évolution inverse de celle qui s'était accomplie sous la république, vinrent à reprendre possession d'une autorité aussi étendue que celle dont ils avaient été investis primitivement.

L'empereur Auguste augmenta la compétence du *præfectus urbi* (Suétone, 33).

Septime Sévère, en 205, attribua à ce magistrat la répression de tous les crimes commis dans Rome, et dans un rayon de cent mille autour de Rome (D. I, 84, *de offi. præfecti urbi*). Dans les provinces une mesure analogue fut prise un demi-siècle plus tard par Dioclétien.

On a dit quelquefois que l'empire avait été une forme démocratique de gouvernement, parce que l'empereur avait hérité des pouvoirs du peuple et de ses tribuns, et que le peuple s'était donné aux empereurs par haine de l'aristocratie, pour se venger d'un maître qui avait su presque constamment le dominer. Si le peuple romain raisonna ainsi, il se trompa. L'empire fut surtout funeste à l'aristocratie parce que les citoyens riches et éclairés étaient seuls assez haut placés pour être exposés aux coups de l'empereur, et que l'opposition au régime impérial n'exista que chez les romains assez fortunés et instruits pour faire profession de stoïcisme, mais la vérité est que les empereurs osèrent des réformes que le Sénat n'avait jamais tentées, et enlevèrent au peuple jusqu'à cette apparence de pouvoir qui lui avait toujours été laissée.

Ils transférèrent au Sénat toutes les attributions des comices, et le peuple jadis souverain ne se réunit plus que pour demander l'aumône ou des jeux.

Dans les provinces, toutes ces vicissitudes de l'organisation judiciaires se firent sentir moins nettement. Le pouvoir, l'*imperium* des magistrats n'y subit jamais les rudes assauts ni les atteintes qu'il reçut à Rome d'une démocratie turbulente où chaque citoyen, selon l'expression de Montesquieu, « s'enivrait de l'idée de sa souveraineté. »

On peut même dire que le gouvernement impérial fut un bienfait pour les provinces appauvries par les magistrats de la République (Guizot, *Histoire de la civilisation en France*, t. 2, l. 2), mais les bienfaits du despotisme sont courts, et même en province ils furent largement compensés par les excès de la centralisation et de l'absolutisme. (Glasson, étude sur les bronzes d'Osuna 74 et s. rev. critique 1875).

CONCLUSION

L'organisation des juridictions criminelles des Romains fut intimement liée à leur histoire politique ; rude et arbitraire au début, généreuse et libérale ensuite, elle reprit plus tard son premier caractère : l'*imperium* royal arraché aux magistrats de la République fut reconquis par les empereurs.

Les progrès et les améliorations de la justice criminelle s'inspirèrent peu des principes supérieurs de morale ou d'humanité, et sortirent principalement de la lutte continuelle des classes, on peut voir une mesure politique, une garantie constitutionnelle plutôt qu'une réforme judiciaire dans le droit de *provocatio ad populum* qui fut l'origine de la juridiction des comices, le principe protecteur de la liberté individuelle et du respect dû à la qualité de citoyen romain, le point de départ du mouvement qui commençant par enlever aux magistrats, le droit de rendre un jugement dans les affaires capitales, se termina par la suppression pour eux de toute intervention efficace, devant les tribunaux permanents, et les réduisit au droit honorifique de présider sur une estrade, au lieu même où jadis ils avaient eu le pouvoir d'ordonner.

Plus tard, les comices, par leur confusion, leurs violences et leurs caprices, pouvaient frustrer les citoyens des garanties en apparence les mieux établies ; devant les tribunaux permanents, toutes les précautions étaient prises pour assurer à l'innocence faussement accusée les moyens de se justifier ; mais quand un sénateur était jugé par un jury de chevaliers ou un chevalier par un jury de sénateurs, il était difficilement jugé avec impartialité. Quand les sénateurs avaient le pouvoir de juger, les autres partis relevaient avec indignation les abus commis, et s'unissaient pour leur enlever ce pouvoir, mais à peine l'opposition avait-elle réussi, qu'à son tour elle tombait dans les mêmes erreurs et commettait les mêmes fautes. C'est ainsi que les plus hautes conceptions du droit romain et les meilleures de ses institutions furent trop souvent en fait gâtées et corrompues. En ce sens on peut dire avec Condorcet : « Nous devons au droit romain un petit nombre de vérités utiles, et beaucoup plus de préjugés tyranniques ».

DROIT FRANÇAIS

——

ÉTUDE SUR LA TRANSPORTATION

——

DE LA SITUATION LÉGALE DES TRANSPORTÉS

AU POINT DE VUE DE LA FAMILLE

DE LA PROPRIÉTÉ ET DES DROITS PRIVÉS ET PUBLICS

PREMIÈRE PARTIE

DE L'EXÉCUTION DE LA PEINE

CHAPITRE PREMIER

DES PEINES COLONIALES

Aujourd'hui, l'Etat augmente de plus en plus ses attributions, grandit et élargit son action, et comme les sociétés emportées par un grand mouvement social en limitent difficilement la portée et ne peuvent point régler leur marche de façon à s'arrêter et à se ressaisir à temps, il est probable que le courant d'idées qui pousse les sociétés modernes à multiplier l'intervention de l'Etat progressera jusqu'à ce que ce courant s'arrête spontanément, épuisé dans toutes ses conséquences. Aussi bien est-il permis de penser que déjà ce serait peine perdue de vouloir enrayer le mouvement, et combattre le mal si toutefois c'en est un.

Strictement, l'Etat ne doit aux individus que la justice. Quand l'un d'eux a été condamné comme coupable d'un délit, le rôle de l'Etat consiste simplement à le punir et à intimider ainsi tous ceux qui pourraient être tentés de l'imiter.

Aujourd'hui l'Etat ne s'en tient pas à cette simple mission : l'on retrouve en effet, jusque dans le domaine du droit criminel l'influence des tendances qui consistent selon la définition donné par H. Spencer (1) : à substituer à la morale de l'Etat la morale de la famille, c'est-à-dire à exiger de l'Etat non seulement la justice, mais aussi l'assistance et la charité que les membres d'une famille et d'une société se doivent entr'eux.

Telle n'était pas la théorie de notre ancien droit pénal, il s'arrêtait au châtiment. Dans le droit moderne, le châtiment n'est qu'une première étape ; et dans nos peine coloniales, au moins telles qu'elles sont appliquées, il semble même que le châtiment soit passé au dernier plan et l'amendement au premier.

« La transportation, dit M. Michaux (2) a fait en-

1. Spencer. L'individu contre l'Etat.
2. Etude sur la question des peines.

« trer la révolution dans notre régime pénitentiaire.
« Notre ancienne théorie pénale n'allait que jusqu'au
« châtiment, la nouvelle essaiera d'aller jusqu'à la
« rédemption : telle est la tâche de notre temps. »

Comment cette révolution s'est-elle opérée ?

L'idée d'amender les malfaiteurs n'est pas nouvelle, elle fut exposé avec éloquence par Platon et
par Sénèque (1) ; mais l'antiquité se contenta d'en
parler et ne l'appliqua pas.

Les évêques, il est vrai, reçurent des empereurs
de la décadence, mission de visiter les prisonniers
et d'inspecter les prisons ; mais c'est seulement au
moyen âge et grâce à l'influence des idées religieuses
que l'idée d'amender les coupables fut appliquée :
« *Parum est coercere improbos pœna, nisi probos effi-
cias disciplinâ.* » Dans ce but, l'Eglise ne prononçait
point la peine de mort et le chatiment le plus grave
qu'elle infligeait était l'emprisonnement solitaire
et perpétuel. (Trébutien, *Dr. criminel*, T. 1er p. 48 ;
Huc, *Revue critique*, T. VIII, p. 441).

Les rédacteurs du Code pénal de 1791 proclamè-
rent la nécessité d'appeler « par les institutions, le
repentir dans l'âme du coupable, afin qu'il puisse
arriver à la vertu, par l'espérance d'arriver à l'honneur » (2).

1. Gorjias. *De clementia,* I, 22,
2. Locré. T. 29, p. 22.

L'idée est donc semée depuis longtemps : c'est seulement à notre époque qu'elle a poussé et porté ses fruits. C'est d'ailleurs le sort de la plupart des idées, si justes et généreuses qu'elles soient, de ne passer dans les faits que quand elles répondent à un besoin né et actuel des sociétés, lesquelles comprennent plus vite leurs devoirs quand elles y trouvent la satisfaction de leurs intérêts.

Or, autrefois c'eût été une pure générosité que de se préoccuper du moment si grave et si important où le condamné sort de prison pour rentrer dans la vie libre : « Il y avait peu de récidivistes, dit M. Bonneville de Marsangy, alors que la loi disait comme au XVI⁰ siècle : au premier vol le coupable sera pilorié, au second il sera pendu ». En outre les malfaiteurs de profession si nombreux sous l'ancien régime (1) et qui exerçaient les différents métiers de faux-saunier, braconnier, contrebandier, ou celui plus lucratif encore de mendiant, avaient tous un emploi assuré sur les galères royales. Aujourd'hui, cette méthode simple et expéditive a cessé d'être en accord avec notre civilisation ; les peines, les mœurs ont été s'adoucissant. « L'histoire de la peine, a-t-on dit avec raison, est une abolition cons-

1. Histoire de la récidive.
2. Taine : Origines de la France contemporaine. T. 1.

tante. » La peine de mort est rarement appliquée, les bagnes ont été supprimés.

Au lieu de pilorier ou de pendre les malfaiteurs, la société les frappe seulement de courtes peines d'emprisonnement et les rend ensuite à la liberté ; or il est manifeste que si elle n'a pu réussir à les amender, au moment ou elle les rend à la liberté, elle aura en eux autant de dangereux ennemis. C'est ainsi que la société a été amenée à comprendre que le plus grave des problèmes pénitentiaires se pose au moment de la libération.

Mais qu'a-t-elle fait pour le résoudre ?

« Quand la peine a cessé, que la charité commence ! » L'écrivain qui formulait ce principe éminemment judicieux entendait dire la charité privée.

Mieux en effet qu'une administration, la charité privée peut mener à bien la délicate mission de guider un libéré et de le prendre pour ainsi dire par la main, pour le ramener vers les honnêtes gens, le présenter et le reclasser définitivement parmi eux.

Mais ce conseil n'a pas été suivi : collectivement, les honnêtes gens sont animés des meilleures intentions et des désirs les plus philanthrophiques ; mais en particulier chacun d'eux obéissant à un sentiment de prudence trop naturel et trop bien fondé pour ne pas durer, s'écarte de tous ceux que la justice a flétris, et les tient rigoureusement en interdit. La société qui a la volonté et l'illusion d'être charitable ne sait ni ne peut leur pardonner.

Les idées d'amendement et de régénération que la société a placées dans la loi, elle ne les a pas fait descendre dans les mœurs. La révolution dont parlait M. Michaux a été cantonnée dans le domaine du droit, et n'a pas coïncidé avec une révolution semblable dans les mœurs. Tout au contraire, jamais société ne fut plus rude et plus impitoyable aux coupables et aux malheureux que la nôtre.

Même quand la loi condamne à quelques mois de prison, l'opinion publique condamne à perpétuité. Ainsi autrefois, grâce à la difficulté des communications, à l'insuffisance de la police, il était possible à un libéré réellement corrigé de dissimuler son passé, de reconquérir sa place au soleil et de faire souche d'honnêtes gens, aujourd'hui en vertu de l'interdiction de séjour, du casier judiciaire et autres perfectionnements dont notre civilisation s'honore, à très juste titre d'ailleurs, quiconque entre en prison doit y laisser toute espérance.

Les sociétés de patronage sont trop peu nombreuses et n'ont que des ressources insuffisantes : « un libéré sur 4000 a la bonne fortune d'être secouru par une société de patronage, » dit M. F. Desportes. (1)

---

1. Rapport à la Société générale des prisons, 1882.

Il faut reconnaître d'autre part que le désordre produit par la criminalité est d'autant plus sensible et troublant que la société est elle-même plus calme et plus régulière ; en outre, la presse moderne grossit démesurément les choses. Ainsi s'explique l'illusion de la société, persuadée que les crimes augmentent de nos jours, alors que depuis plus de trente ans leur nombre diminue régulièrement d'année en année.

Il y a donc un désaccord certain entre les institutions et les faits, entre la loi qui recherche l'amendement du malfaiteur et l'opinion publique qui ne reconnaît point cet amendement et refuse d'y croire. Ce désaccord a été fécond en conséquences.

Ce que l'initiative privée ne faisait point, l'Etat s'est chargé de l'accomplir, il a tenté l'expérience dans les colonies et comme on ne peut pas bien administrer de loin, il a confié à un intermédiaire, qui est l'administration pénitentiaire coloniale, le soin de diriger le régime inauguré en 1851 et consacré légalement en 1854.

Or, cette administration à qui on a donné la mission de transformer des malfaiteurs en colons, de faire de la bonne besogne avec des instruments faussés, fragiles, et rompant à tout coup, a été amenée naturellement, tant en raison de sa situation même qu'à cause des résultats qu'on exigeait d'elle, à se préoccuper des intérêts de la colonisation et à sacrifier ceux de la répression.

Si bien qu'à la longue, il s'est produit une déviation en vertu de laquelle les peines coloniales instituées non seulement pour faciliter la régénération des criminels mais aussi pour châtier les crimes considérés comme les plus graves, sont devenues moins dures et moins intimidantes que les peine continentales destinées cependant à punir des crimes moins graves. En d'autres termes, l'échelle des peines est renversée aujourd'hui ; mieux vaut être assassin que voleur. Bien plus, il faut reconnaître qu'il y a une part de vérité dans les critiques amères de ceux qui disent : « l'administration a fait des bagnes coloniaux une sinécure pour les malfaiteurs.... et leur fait une situation que l'honnête homme malheureux peut envier sans y parvenir (1) ».

L'Etat, par une évidente opposition au droit naturel, prodigue ses bienfaits à certains individus en raison inverse de leurs mérites ; il les traite mieux que les honnêtes gens malheureux et comme dans l'Evangile il déploie une sollicitude plus bienveillante à l'égard de la brebis égarée que des cent autres restées sagement au bercail.

---

1. Moncelon. Les Bagnes et les colonisations pénales, par un Témoin oculaire.

Malgré les abus et les erreurs, la transportation
telle qu'elle a été conçue et organisée par la loi du
31 mai 1854, ne laisse pas d'être la peine la plus
propre à l'accomplissement et au succès de la rédemption des malfaiteurs.

En France, parmi les forçats libérés, la proportion
des récidivistes était de 95 °/₀. Parmi les condamnés qui sortent de prison, elle est de 36 pour 100
(récidive criminelle), 54 pour 100 (récidive correctionnelle), tandis qu'en Guyanne et en Calédonie la
proportion varie entre 2 et 7 pour cent.

Il est évident en effet qu'en permettant aux condamnés de commencer une vie nouvelle, dans un milieu nouveau, la transportation résout pour la plupart d'entr'eux le problème du reclassement, inso-
luble dans la métropole.

Elle réunit le double avantage d'accroître la sécurité publique dans la métropole qu'elle a débar-
rassée des forçats, et de moraliser l'expiation, en
l'utilisant au profit de la régénération des malfaiteurs.

Depuis 1854 la récidive criminelle a été diminuée
autant que peut l'être un mal malheureusement incurable. Des assassins, des voleurs, ont été transfor-
més en colons ; puis, étant devenus propriétaires,
ont compris combien la propriété était chose res-
pectable.

Quant aux libérés que l'administration n'a pu convertir, elle a réussi au moins à les désarmer, à les transformer d'ennemis incorrigibles de la société en parasites généralement inoffensifs qui, à défaut d'autre mérite, ont au moins celui de s'abstenir des meurtres, vols ou autres méfaits auxquels ils seraient fatalement revenus, s'ils n'avaient pas été expatriés.

Après une expérience prolongée pendant plus de 30 ans, il est désormais acquis que la transportation demeure l'instrument efficace de cette œuvre de rédemption, tâche et orgueil de notre temps.

En peut-on dire ou espérer autant de la nouvelle peine coloniale : de la relégation, introduite dans notre législation par la loi du 27 mai 1885 ?

Cette loi est dirigée non point contre les coupables qui, comme les transportés sont malfaiteurs d'accident ; mais contre les malfaiteurs de profession.

« Les statistiques émanées du Ministère de la justice, écrivait M. W. Rousseau en 1883, montrent que le nombre des récidivistes de délit à délit s'est développé depuis quelques années, en suivant une progression continue, presque régulière (1) ».

Aujourd'hui sur 100 malfaiteurs il y a plus de 50

1. Rappoot de M. Waldeck-Rousseau. Bulletin de la Société générale des prisons, Janvier 1883, p. 75,

récidivistes, c'est-à-dire plus de 50 individus qui
ont élevé la situation de voleur, mendiant ou d'ou-
vrier sans travail, à la hauteur d'une profession, laquelle consiste, moyennant l'abdication temporaire
d'une liberté sans attrait, à se procurer le loyer, le
chauffage, l'éclairage et une nourriture frugale aux
frais des contribuables honnêtes et à combiner les
délits de façon à passer principalement la mauvaise
saison en compagnie des camarades et amis.

Il en a été du métier de récidiviste comme de
tant d'autres ; il fut gâté par l'encombrement ; trop
d'individus embrassèrent cette carrière et l'opinion
publique s'en émut. La société eut peur, et comme
il est difficile à une société alarmée de rester philan-
thropique, elle passa brusquement de son indifférence
habituelle à une frayeur exagérée et réclama contre
ses incorrigibles ennemis une répression implacable
que le législateur complaisant se hâta de lui accorder en votant la loi du 27 mai 1885 avec autant de
rapidité et d'ardeur que si cette loi eût été purement politique.

Cette loi a l'avantage de fournir à la justice le
glaive qui lui manquait contre les malfaiteurs de
profession ; comme ceux-ci ne restent jamais longtemps sans revenir devant les tribunaux (1), ils ne

1. Journal Officiel, p. 1095, 12 mars 1888.

tarderont pas à enrichir leur casier judiciaire du
nombre de condamnations suffisant pour que la relégation leur soit appliquée. La loi de 1885 permettra donc de faire rapidement la liquidation du passé et de débarrasser la métropole, mais dans l'œuvre même de la colonisation pénale, la relégation
ne pourra jamais jouer un rôle parallèle à celui
de la transportation, et l'on ne peut espérer de
son application les mêmes résultats.

Tout d'abord, à cause même de l'état et la nature
des malfaiteurs composant sa clientèle spéciale (1).

Usés moralement et physiquement, affaiblis par
l'âge et le vice, les relégués ne peuvent pas rendre à
la colonisation les mêmes services que les transportés, dont la plupart sont des êtres jeunes, énergiques, susceptibles de se redresser et de se régéné-
rer.

De plus, ils subissent leur dernière peine en
France, bien que cette peine soit insuffisante pour
les amender si elle est courte ou achève de les épuiser, si elle est longue. Tant que dure cette dernière peine, ils demeurent sous la dépendance du
ministère de l'intérieur ; or, au lieu de les préparer
à la vie coloniale et de les transporter dès qu'ils y
sont préparés, conformément aux termes de l'art.

1. Commission du classement des récidivistes, Journal officiel, p. 1056. 12 mars 1888.

12 de la loi, l'administration pénitentiaire qui semble avoir quelque peine à se séparer d'un si grand
nombre d'administrés, les enferme soigneusement
en prison, les garde jusqu'au dernier moment, et
c'est là, en leur faisant fabriquer des chaussons de
lisière ou coller des sacs de papier, qu'elle entend
les préparer à la vie coloniale.

Les relégués étant en définitive des êtres irrémédiablement dégradés, dont il serait chimérique d'espérer le relèvement, l'administration pénitentiaire
des colonies, depuis qu'elle applique la nouvelle loi,
n'a pas cherché à les transformer comme les transportés, en colons et propriétaires ; elle se contente de
les utiliser le mieux possible pour les gros travaux
d'utilité publique. Jamais, par conséquent, la relégation n'aura la même portée ni le même but que
la transportation. Elle s'arrêtera le plus souvent au
châtiment; en pratique elle sera surtout un instrument de répression.

Quand à la troisième peine coloniale qui existe
dans notre législation, c'est-à-dire la déportation, la
colonisation pénale n'en peut rien attendre ni espérer.
L'expérience a démontré que l'esprit de colonisation
n'entrait dans l'âme des transportés que quand l'esprit de retour en était complètement sorti ; or, les
déportés ne sont jamais que des hôtes de passage,
et leur dignité de condamnés politiques leur donne
droit de vivre sans travailler.

En conséquence, la transportation est la meilleure et la plus complète de nos peines coloniales. On en a divisé l'application en trois périodes.

1° la période de répression ;

2° celle de l'amendement ;

3° enfin celle de la récompense de l'amendement.

Nous nous préoccuperons surtout des deux dernières périodes en examinant principalement la constitution de la famille, l'organisation de la propriété, la restitution de certains droits privés et publics, en un mot l'ensemble des mesures au moyen desquelles l'administration prépare, conduit et achève la transformation des malfaiteurs en colons. C'est déjà un légitime sujet d'orgueil pour notre temps d'avoir supprimé l'ancienne espèce des forçats, abjects, redoutés, voués fatalement à la récidive, et de préparer au loin le développement d'une race qui, sinon à la première, au moins à la deuxième génération démontrera à la mère patrie — encore à l'heure qu'il est, incertaine et sceptique — combien était juste et vrai ce mot de Napoléon 1er. « Le meilleur système pénitentiaire serait celui qui purgerait l'ancien monde, en en peuplant un nouveau ».

CHAPITRE II

Nous avons montré sous quelle poussée d'idées, l'É-
tat et la société avaient été amenés à se préoccuper
de l'amendement des malfaiteurs en même temps
que de leur châtiment. Mais si de nouvelles idées,
et le déplacement du problème pénitentiaire, posé
non plus quand le condamné entre en prison, mais
au contraire lorsqu'il en sort, ont été les causes de
la révolution de notre droit pénal, ce furent des
troubles politiques qui en furent l'occasion. Les
émeutes de 1848 déterminèrent et hâtèrent le triomphe du régime des peines coloniales.

L'Etat alarmé eut d'abord recours à l'exil, à la
transportation, aux procédés par lesquels les gouvernements se défont aujourd'hui des vaincus politiques qu'autrefois ils faisaient égorger sans pitié.
« De là vint la loi du 8 juin 1850 qui désignait les

iles Noukaïva et Waitahu comme siège de la déportation à deux degrés (1). »

« Mais vers la fin de 1850 (dit la notice de 1867
page 2) la question fut reprise à un point de vue
plus général ; cette fois, c'était une réforme pénale
que l'on voulait réaliser, une colonisation à l'instar
de celle qu'avait fondée l'Angleterre, une sorte d'é-
volution du droit criminel. »

Il y eut toutefois un nouveau recul quand le décret
du 8 octobre 1851 donna au Gouvernement la faculté de déporter en Guyane ou en Algérie, tous les individus placés sous la surveillance de la haute police, reconnus coupables d'être en rupture de ban,
ou d'avoir fait partie d'une société secrète.

Mais ce premier pas accompli violemment dans
la nouvelle voie, en détermina un second qui fut définitif. La déportation des condamnés politiques conduisit tout naturellement à la transportation des
condamnés de droit commun.

« Sur un rapport du ministère de la Marine en
date du 20 février 1852, (dit la même notice p. 4) le
Gouvernement offrit la transportation comme une
faveur, aux forçats en cours de peine, et plus de
3.000 d'entr'eux l'acceptèrent spontanément. »

Enfin, vint la loi du 31 mai 1854 qui compléta l'œu-

1. Notice, 1867.

vre commencée et consacra officiellement le nouveau régime pénal.

Dans le tableau que le législateur de 1854 fit de la transportation, en divisant cette peine en trois périodes : la répression, l'amendement, et la récompense de cet amendement, il ne put que tracer le contour général et l'ordre du plan, mais il le fit en traits si justes, que les lois, décrets ou règlements confectionnés depuis, n'en on rien effacé et l'ont fidèlement reproduit.

Cette loi inaugurait un régime pénitentiaire à peu près inconnu qu'il fallait nécessairement expérimenter au préalable. L'article 14 était fécond en promesses. Il promettait un règlement d'administration publique qui déterminerait :

1° le régime disciplinaire des établissements de travaux forcés ;

2° les conditions sous lesquelles des concessions de terrain provisoires, ou définitives pourraient être faites aux condamnés et libérés ;

3° L'étendue du droit des tiers, de l'époux survivant et des héritiers du concessionnaire sur les terrains concédés.

Le gouvernement ne pécha pas par excès de précipitation, et marchant prudemment d'expérience en expérience, attendit jusqu'en 1878 pour promulguer le règlement promis en 1854.

2

Dans une dépêche ministérielle accompagnant l'envoi de ce règlement, le Ministre de la marine estimait que : « l'heure était venue de donner un nouvel essor aux colonies pénitentiaires en mettant en œuvre le régime inauguré par la loi du 31 mars 1854. »

Ce décret, en effet, augmenté et complété par le décret disciplinaire du 18 juin 1880 et par la décision ministérielle du 16 janvier 1882, a largement interprété et développé la loi fondamentale, en même temps qu'il a fixé toutes les règles annoncées et promise dès 1854.

Un caractère spécial distingue la tentative de colonisation pénale inaugurée par cette loi, de toutes les tentatives du même genre faites en d'autres temps et d'autres pays; c'est qu'au lieu d'être abandonnée en quelque sorte au hasard, elle se continue suivant une méthode nettement conçue et soigneusement arrêtée.

Aussi bien les précédents historiques n'ont-ils pas en cette matière une autorité assez directe pour que nous nous y arrêtions — Notamment quoique l'histoire de l'Australie, la formation et le développement de ce pays neuf, soient des plus récents, il s'est formé à ce sujet une véritable légende.

La transportation en Australie, est devenue une sorte de modèle, d'idéal avec lequel il semble qu'on

veuille décourager la transportation française et
donner une nouvelle force à cette maxime si profondément fausse aujourd'hui que la France n'est
pas un pays colonisateur.

« En réalité l'Angleterre, comme le dit très juste-
« ment M. Leon Faucher, n'a procédé que par ex-
« pédients successifs dans la transportation selon les
« exigence de sa situation, et n'a jamais poursuivi
« le développement progressif d'un plan de déporta-
« tion et de colonisation de ses condamnés, mûre-
« ment délibéré et arrêté dans la pensée du Gou-
« vernement. » (1)

En 1787, inquiets du nombre des convicts qui
depuis l'indépendance de l'Amérique, s'amassaient
sur les pontons, ils imaginèrent d'en déposer quelques-uns dans un coin d'un pays encore à peu près
inconnu, l'Australie, où il les abandonnèrent en leur
laissant des outils et des vivres. Beaucoup de convicts gagnèrent les forêts voisines où ils furent pour-
suivis, chassés et traqués comme des bêtes fauves ;
mais les moins mauvais d'entr'eux pressés par la
famine se mirent à travailler, et comme d'autre part
ils avaient à leur tête un gouverneur, Philips
d'une énergie et d'une valeur exceptionnelles, la

1. L. Faucher. Etudes sur l'Angleterre. T. II. p. 316

colonie résista tant bien que mal aux dures épreu-
ves dont elle fut assaillie.

Néanmoins, malgré le rare génie de Philips et
de quelques-uns de ses successeurs, malgré les aptitudes coloniales reconnues au peuple anglais, une
colonisation pénale jetée dans un pays lointain avec
une si téméraire insouciance ne pouvait vraiment
pas prospérer.

Après cinquante ans d'occupation, voici quels furent les résultats constatés par l'enquête dirigée en
1837 par un comité de la chambre des communes.

Les convicts étaient livrés assignés (*bound men*), aux
colons libres qui en trafiquaient comme d'un bétail
avec une cruauté qui souleva le dégoût et l'indignation dans la métropole, ce pendant qu'au parlement
les plus illustres orateurs de l'Angleterre pronon-
çaient contre l'esclavage des noirs, les discours les
plus touchants du monde.

Aussi les exemples d'amendement et de retour au
bien étaient-ils fort rares parmi les convicts exas-
pérés d'un tel régime, et malgré le fouet, la baston-
nade et les plus rudes châtiments, malgré les rigueurs
d'une répression poussée jusqu'à la cruauté, le nombre des crimes et des récidives allait croissant en
Australie. (1)

1. De Blosseville. T. 1. Michaux de Tocqueville.

« A voir cet immense flux d'actions criminelles, on croirait que toute la colonie est en mouvement vers la cour de justice » (déposition du juge Burton devant le grand jury de Sidney, enquête de 1838).

« Ce système a été effroyable, disait lord Grey à la tribune, et c'est une honte qu'un tel système ait pu exister sous le pavillon anglais. »

Malgré le trafic dont ils étaient victimes, la plupart des transportés retombaient à la charge de la métropole (1), et les Anglais, nation essentiellement pratique, manifestèrent leur mécontentement de payer pour entretenir un état de choses qui n'était pas seulement effroyable et honteux, mais en outre très onéreux. (V. not. 1867, p. 55).

Une véritable campagne fut ouverte et menée contre la transportation.

L'assignation des condamnés aux colons fut immédiatement supprimée, et quelques années plus tard, en 1847, quand lord Grey devint ministre des colonies, il proposa et fit voter par le Parlement un bill qui réglementa définitivement la transportation des convicts et divisa l'accomplissement de la peine

1. Report of the directors of convict's prisons. — Report from the select commitee of the house of commons on transportation, by Molesworth chairman of the committee. (Hansard Londres, 1838). Colonial constitution of the constitutional history and existing governments of the British dépendencies.

en quatre périodes : 1° d'abord un emprisonnement cellulaire de quelques mois, neuf au plus ;

2° Un temps d'épreuve (probation) sur des chantiers publics formés dans les principaux ports d'Angleterre. C'est cette période d'épreuve que la loi anglaise appelle servitude pénale ;

3° Quand le condamné obtient de bonnes notes, il peut être transporté en Australie et libéré sous condition : (*with a ticket of leave*) ;

4° Enfin il peut racheter sa liberté avec le pécule gagné par son travail pendant le temps de la libération conditionnelle.

Assurément, comme l'observe M. Michaux, la gradation est bien ménagée, et le Parlement, en se décidant enfin à régler l'application de la peine, avait été bien inspiré ; mais la loi, si excellente qu'elle fût, avait le grave défaut de venir trop tard. On peut dire seulement que si elle avait été pleinement appliquée, elle avait chance de produire de bons résultats.

Les colons australiens refusaient obstinément de recevoir des convicts.

Reprise en 1849 dans l'île de Van Diemen, la transportation dut y être abandonnée trois ans plus tard, et la seule partie de l'Australie qui resta ouverte aux convicts fut l'Australie occidentale (1).

1. Ribot, 1873. Revue des Deux-Mondes.

Même dans cette colonie, la transportation anglaise ne saurait servir de modèle. D'une part, les colons avaient exigé qu'on ne leur envoyât que les moins mauvais des convicts, des hommes jeunes, énergiques, susceptibles de fournir une main-d'œuvre à bas prix, en sorte que la transportation, après le bill de 1847, fût considérée exclusivement comme une faveur, une récompense, un adoucissement de la peine, et telle n'est pas en France la conception de la transportation, encore moins de la relégation. D'autre part, lorsque quelques années plus tard des mines d'or furent découvertes en Australie, un nombre considérable d'émigrants s'en vint y chercher fortune ; l'élément pénal n'y fut pas seulement encadré, mais absorbé et fondu.

En résumé, la transportation pénale a réussi, non point parce que la méthode anglaise était bonne, mais parce qu'il s'est trouvé que l'Australie était un pays riche, assez séduisant pour attirer, non pas seulement d'Angleterre ou d'Irlande, mais de tous les pays du monde, les gens en quête d'aventure et de fortune.

Que serait aujourd'hui l'Australie si la découverte des immenses prairies qui s'étendent au delà des Montagnes bleues n'avait inspiré à quelques colons anglais la hardiesse d'aller s'établir au milieu d'une population presque entièrement formée d'anciens malfaiteurs ?

Nous pensons que la colonisation pénale y aurait échoué piteusement. Pendant de longues années, la transportation en Amérique d'abord, en Australie ensuite, était pour l'Angleterre ce que la peine des galères était pour la France sous l'ancien régime, un moyen de débarras, un expédient pour supprimer des individus gênants et dangereux. Elle n'a été soumise à un plan méthodique que quand elle toucha à ses derniers jours. Elle doit son succès à la fertilité merveilleuse du sol, aux mines d'or, à la population libre qui, par sa puissance et sa richesse, réduisit et absorba l'élément pénal.

Or, ces conditions matérielles de succès n'existeront jamais pour nous.

La Guyane est un pays très riche, mais elle a trop mauvaise réputation pour attirer les colons libres, et quoique les dangers de son climat aient été singulièrement exagérés, de fréquentes épidémies en rendent le séjour funeste aux Européens.

Quant à la Calédonie, son climat est excellent mais la terre y est d'une fertilité médiocre ; elle est d'ailleurs d'une étendue fort limitée : 270 kilomètres de long sur 55 de large.

Les statistiques émanées du ministère de l'intérieur (1) constatent il est vrai que depuis quelques

---

1. Journal Officiel, 10 novembre 1888, 20 novembre 1888. Statistiques du Ministère de l'Intérieur.

années, et notamment depuis 1884, le nombre des émigrants augmente sensiblement.

En 1884 il y a eu 3,761 émigrants.

En 1885,   6,063

En 1886,   8,314

En 1887,   11,170

Malheureusement, la plupart de ces émigrants se dirigent vers l'Amérique du Sud et en particulier vers la République argentine.

Plusieurs députés ont récemment dénoncé à la tribune le trafic des agences d'émigration. Il y a quelques années, disait un ancien ministre, les émigrants pour l'Amérique du Sud étaient de 8, à 10,000, en ne comptant que ceux dont l'exode est officiellement constaté au Ministère de l'Intérieur.

Cette année il y en a eu 20,000.

En outre, actuellement encore, l'expatriation est une décision désespérée dont on ne s'avise en France qu'après avoir épuisé ses dernières ressources. N'ayant ni connaissances, ni capitaux, la plupart des colons qui arrivent dans nos colonies pénitentiaires n'y peuvent rendre de grands services.

Sans doute les difficultés de l'existence, la diffusion de l'instruction créant de plus grands besoins, auront pour effet de modifier nos mœurs ; de forcer les jeunes gens à regarder par delà les frontières et de former une génération qui aura les mêmes dé-

sirs et les mêmes audaces que ces cadets de famille,
instruits, aventureux, qui, sous l'ancien régime, ont
porté à tous les coins du monde, la fortune et le
nom de la France.

Mais pendant longtemps encore, avant que cette
transformation se fasse dans les mœurs, les colonies pénitentiaires ne doivent pas compter sur le
concours de l'émigration libre.

« Etant donnée une terre à peu près inoccupée,
c'est-à-dire une terre où l'on ne trouve ni société ni
capitaux, ni établissement, ni industrie, il faudra que
la transportation produise tout cela, et qu'on puisse
faire sortir d'elle une société complète de tous
points. »

En un mot les développements et les progrès que
l'Angleterre a réalisés en Australie au moyen de la
colonisation mixte, la France, pendant longtemps encore, ne pourra les poursuivre que par la colonisation pénale.

Telle est en pratique la différence fondamentale
de ces deux colonisations, conçues et combinées
dans un esprit et d'après un plan complètement
opposés.

1. Notice 1867, p. 23.

CHAPITRE III

L'administration pénitentiaire dirige dans les colonies l'exécution de la peine des travaux forcés sous les ordres et le contrôle du département de la marine.

Cette administration a un budget particulier et une armée de fonctionnaires (notice 1887 p.55 et s.).Les décrets rendus en exécution de la loi de 1854 ont conféré à ses chefs au Gouverneur de la colonie et au directeur, des attributions multiples qui leur permettent à leur gré d'adoucir ou d'aggraver la peine.Il importe en effet que l'administration ait des pouvoirs très étendus, « elle ne sera jamais trop indépendante,éloignée qu'elle est de la mère patrie, » dit avec raison M. Leveillé. (Réforme pénitentiaire).

L'art.2 de la loi de 1854 dispose que les condamnés seront astreints aux travaux les plus pénibles mais à la différence du code de 1791 (art. 6, loi 25 septembre, 6 octobre 1791) cet article ne définit pas ces travaux. Il appartient donc à l'adminis-

tration de décider librement, comment sera exécu-
tée la période de répression et quels seront ces travaux pénibles exigés par la loi.

Tout d'abord en débarquant, les transportés
sont conduits provisoirement dans un camp, où pendant qu'ils se reposent des fatigues et émotions de
la traversée, on leur compose un trousseau, et l'on
effectue un premier classement (not. 1884, p. 73).

Ils sont divisés en 5 classes déterminées d'après la
situation pénale, l'état moral, la conduite et l'assi-
duité au travail (art. 1er décret 18 juin 1880)

Les condamnés qui ne sont pas récidivistes sont
placés dans la 4e classe, les récidivistes dans la 5e.

Si le condamné est travailleur et bien noté, il peut
après un délai minimum de 6 mois passer à la classe
supérieure, sur la proposition du directeur approu-
vée par le Gouverneur (article 9).

En première classe, ils peuvent obtenir une concession de terrain ou être employés par les habitants de la Colonie, ou rester dans les chantiers et
ateliers publics comme contre-maîtres (article 2).

En outre l'administration peut alors autoriser leur
famille à les rejoindre, s'ils ont des ressources suffisantes pour l'entretenir.

En 1re et 2me classe, ils touchent un salaire (1).

1. Arrêté du 14 septembre 1880 ; 27 août 1881 (p. 324.
not. 80. 1.).

En 3me classe ils n'en reçoivent qu'à titre de récompense : en général 20 ou 25 centimes. En 4me classe ils ne touchent rien et peuvent seulement avoir des gratifications de vin ou de tafia (art. 1er).

Dans ces ateliers et ces chantiers ils ont une grande liberté, ils vont à l'ouvrage par escouades et comme il n'y a qu'un gardien pour 25 hommes, la surveillance n'est pas pour eux une gêne excessive, puis ils rentrent à l'heure des repas. Ayant pour salaire jusqu'à 40 et 50 centimes par jour en première classe, recevant en outre de l'argent de leurs familles ils sont toujours approvisionnés de tabac et d'eau-de-vie.

Ces malfaiteurs ne sont vraiment pas très malheureux, ils travaillent mollement, au grand air, fument, boivent et causent entr'eux jusqu'à ce que la nuit arrive.

La nuit on les enferme ensemble dans des cases où la surveillance devient presque impossible.

L'article 5 du décret de 1880 dit que les condamnés de la 4me classe « sont astreints au silence et isolés la nuit » mais le texte ajoute « si les locaux le permettent. »

Or les locaux ne le permettent pas et, en pratique, seuls les condamnés de la 5me classe sont séparés.

L'article 10 ajoute que chaque classe peut être divisée en catégories par arrêté du gouverneur.

« A défaut de l'isolement individuel que les locaux de la transportation ne permettent pas d'établir, on a cherché à opérer au moins l'isolement des
groupes et à éviter la contamination due au contact
des natures dépravées, des récidivistes par exemple,
avec celles qu'une seule faute a fait déchoir et dont
la réformation est encore possible » (1).

En réalité, grâce à l'insuffisance des locaux, il faut
reconnaître qu'il existe dans les pénitenciers coloniaux une promiscuité à peu près complète : « Belle
« théorie, dit M. Moncelon, *op. cit.* p. 24, mauvaise
« application. Nous avons vu, nous, toutes les clas-
« ses du bagne mélangées, employées aux mêmes
« travaux, sur les mêmes chantiers »

La même constatation a été faite par M. Denis (2)
ancien sous-directeur à la Nouvelle-Calédonie.

D'autre part, le régime disciplinaire auquel sont
soumis les condamnés n'est certainement pas assez sévère : la peine suprème est le cachot, elle ne
peut être prononcée que pour un mois et par décision du gouverneur rendue sur un rapport du directeur (art. 19 et 23 T. II, décret du 18 juin 1880).

Le condamné au cachot est mis au pain sec ; il
n'a ni vin ni tafia ; il est enchaîné à la double chaîne
ou à la double boucle. Voilà qui est sévère ; malheu-

1. Rapport précédant le décret de 1880.
2. *Nouvelle revue*, A. 1884.

reusement, il n'y a pas de cachot, l'architecte ayant oublié d'en construire.

Après le cachot, vient la cellule qui peut être infligée pour deux mois : l'architecte n'a pas commis d'omission ; il a construit des cellules assez fraîches et propres pour que les condamnés soient à l'aise, mais trop obscures et petites pour qu'ils y puissent travailler.

Théoriquement, en vertu de l'article 16, les condamnés à la cellule « sont astreints au travail. »

En pratique, ils sommeillent sur le lit de camp ; et dans les pénitenciers, la cellule au lieu d'être une peine est envisagée comme un moyen de repos, qu'on obtient d'ailleurs avec la plus grande facilité, car il suffit pour y avoir droit de dire une grossièreté, ou d'adresser une menace à un fonctionnaire quelconque (art. 16).

Les peines corporelles ont été supprimées par le décret de 1880.

Auparavant elles n'étaient que rarement appliquées et généralement en punition d'actes d'immoralité ou de tentatives d'évasion.

On peut penser, comme l'affirmait M. Schœlcher à la tribune du Sénat, que la bastonade « déprave à la fois le patient et le bourreau, et inspire au supplicié des pensées de désespoir et de vengeance ».

1. Denis, p. 197.

En effet, l'affolement produit sur les condamnés par l'application de cette peine a été constaté notamment en Australie et en Sibérie.

Mais les mœurs au bagne, sont horriblement corrompues : pendant la nuit, la surveillance des cases où les condamnés sont enfermés pêle-mêle, étant à peu-près impossible, l'immoralité est tellement monstrueuse, que malgré les arguments philosophiques des adversaires des peines corporelles, il est peut-être permis de regretter qu'au moins contre des délits de cette nature, on ait désarmé l'administration.

Les autres punitions disciplinaires, comme la privation de vin et de tabac, peuvent facilement être éludées et quant aux peines prononcées par les conseils de guerre, comme elles ne peuvent être exécutées qu'après l'expiration de la condamnation aux travaux forcés, peine principale, ces condamnés ne les redoutent pas.

« L'arrêt, dit M. Leveillé, semblera toujours à ces cyniques une sentence fictive, puisque s'il opère jamais, il opérera dans un très lointain avenir. » (1)

La peine de mort est rarement appliquée, par ce que la décision présidentielle ne peut être connue du condamné que 7 ou 8 mois après sa condamnation à mort. Il y aurait lieu de rendre au gouverneur le droit de laisser la justice suivre son cours, droit

1. Page 14 et 15. *op. cit.*

que lui avait conféré le décret du 12 décembre 1874 et qui lui fut enlevé depuis 1880.

Les transportés sont condamnés par les conseils de guerre à la réclusion ou à de nouvelles années de travaux forcés sans que cet accident trouble leur existence aux pénitencier. Cependant l'administration pénitentiaire sait et dit elle-même (notice 1877 p. 165) que les « natures violentes comme celles qui peuplent nos établissements pénitentiaires... manifestent une répulsion profonde pour le régime rigoureux des maisons centrales... »

Ainsi l'expérience a révélé que l'incarcération continue était la peine la plus redoutée des transportés ; tous les criminalistes sont d'accord pour constater que le législateur de 1854 a sur ce point commis une omission, que la répression est insuffisante, qu'il est inadmissible qu'une première peine soit un abri contre d'autres et un moyen d'impunité.

Mais jusqu'ici on s'est borné à constater et à déplorer le mal. Toutefois, en 1881, on a été jusqu'à manifester l'intention d'y remédier.

A cette époque le ministre de la marine porta la question au Conseil des Ministres :

« Le Conseil, dit-il, (p. 314, notice 88), a reconnu sans hésitation que la peine des travaux forcés étant la plus élevée parmi les peines privatives de liberté impliquait naturellement le droit absolu

3

pour l'administration de retirer toute liberté à celui qui en était frappé..... qu'en conséquence il
était loisible au département de la marine de revenir à l'application du principe d'incarcération,
du moment que la sûreté publique en faisait une
nécessité. »

En conséquence le ministre donna des ordres pour
la construction d'une maison de force où seraient
enfermés tous ceux qui auraient été condamnés par
les tribunaux pour de nouveaux crimes.

« Cette maison, ajoutait-il, serait soumise au régime disciplinaire des maisons centrales de réclusion
sans préjudice des aggravations répressives que le
règlement disciplinaire du 18 juin 1880 autorise. »

Quelques mois après, le nouveau ministre des colonies envoya des instructions absolument contraires;
d'abord parce que la construction d'une maison de
correction aurait coûté 200.000 fr.

En outre, ajoutait le ministre, « je considère l'internement permanent des condamnés aux travaux
forcés comme étant en opposition avec la lettre
comme avec l'esprit de la loi de 1854. »

Assurément, malgré l'avis du Conseil des ministres, il est contraire aux principes du droit pénal
de suspendre les travaux forcés par l'application de
la réclusion, de l'emprisonnement ou de toute autre
peine inférieure en gravité, théoriquement ; mais

il est regrettable que la loi de 1854 n'ait pas été modifiée sur ce point.

Pour ne pas dépenser 200,000 fr. et aussi pour ne pas proclamer officiellement ce que chacun sait, c'est-à-dire : « que la transportation est une peine moins pénible et moins intimidante que la réclusion ou l'emprisonnement » un ministre a retiré des mains de l'administration l'arme reconnue comme la plus efficace contre des malfaiteurs incorrigibles. Ce qu'un ministre allait donner, un autre l'a ôté, en ordonnant à l'administration de ne point se servir « d'autres mesures coercitives que celles prévues par le décret du 18 juin 1880. » (1)

Or, comme nous l'avons montré, parmi ces mesures disciplinaires, les unes sont insuffisantes et les autres, par suite du mauvais aménagement des locaux ne peuvent pas même être appliquées. (2)

ORGANISATION DU TRAVAIL

D'après la loi de 1854, les transportés sont astreints au travail. Ils doivent être employés aux travaux les

---

1. Page 328, note 2-3.
2. Toutefois la notice de 1888 qui vient d'être publiée contient une dépêche du 31 mai 1885 ordonnant que les condamnations encourues par les condamnés aux travaux forcés soient subies dans un établissement pénitentiaire spécial (not. 1888, p. 7).

plus pénibles de la colonisation, et à tous les autres travaux d'utilité publique (article 2).

En pratique les uns sont affectés aux travaux publics ; les autres sont répartis dans des pénitenciers
agricoles, où ils sont employés aux travaux ruraux
et dans des chantiers où ils apprennent différents
métiers manuels.

Cette organisation des ateliers et des pénitenciers
a le défaut de coûter très cher, mais elle est le point
de départ de l'œuvre même de la colonisation pénale.

En effet, comme il n'y a dans nos colonies ni capitaux, ni commerce, ni industrie, et que, d'autre
part, les colons libres, pendant longtemps encore,
n'y viendront qu'en petit nombre et sans grandes
ressources, il faut comme le dit le notice de 1867
(page 26) « que la transportation fasse sortir d'elle
une société complète de tous points, sans quoi les individus transportés que l'achèvement de leur peine
rend à la liberté n'auront d'autre parti à prendre,
pour ne pas mourir de faim, que de rester en prison ; alors l'œuvre s'arrêterait faute de moyens et
n'aurait rien produit. »

Les transportés, malfaiteurs d'accident, sont considérés a priori, comme étant susceptibles d'amendement, capables de devenir des colons. En conséquence il est logique de préparer ces futurs colons

au rôle qui leur est destiné, de façon à ce qu'il trouvent dans leurs rangs la main d'œuvre et les aptitudes professionnelles nécessaires pour coloniser. C'est en forgeant qu'on devient forgeron, dit un vieux proverbe. Il est clair que c'est seulement dans des ateliers ou des chantiers que les condamnés peuvent acquérir comme ouvriers ou agriculteurs, les connaissances indispensables aux différents métiers qu'ils pourront ensuite exercer librement.

En résumé, que les condamnés soient occupés aux travaux publics, ou répartis dans les ateliers et chantiers, leur sort n'est pas rigoureux; même pendant la période répressive, il est beaucoup moins dur que s'ils n'avaient été condamnés qu'à la réclusion ou à l'emprisonnement.

Le temps, pendant lequel ils sont astreints aux travaux publics, est considérablement écourté. Beaucoup d'entr'eux, il y a quelques années, en étaient même complètement détournés par les fonctionnaires, lesquels estimant, d'ailleurs non sans raison, que leur existence en Calédonie est médiocrement gaie, trouvaient à leurs ennuis une légère compensation, en se faisant servir par des domestiques nombreux, empressés et gratuits.

Cet abus a été supprimé par des ordres qui ont été obéis autant que peuvent l'être des ordres lancés à 6,000 lieues de distance.

Cette interversion dans l'échelle des peines a eu
de funestes conséquences en France et dans la colo-
nie.En France,comme d'autre part la peine de mort
est rarement appliquée, et passée presque à l'état
de pure menace, il s'ensuit que, dans notre législation pénale actuelle, les crimes les plus graves sont
précisément les crimes les moins gravement punis.
Dans la colonie, car n'étant pas malheureux dans
les pénitenciers ou sur les chantiers les transportés n'éprouvent pas le besoin d'en sortir, beaucoup
d'entr'eux après avoir essayé la vie laborieuse et fa-
tigante,les gains aléatoires du colon, abandonnent au
plus vite leur concession, pour rentrer au pénitencier où ils retrouvent une existence tranquille et
des salaires assurés.

L'adoucissement excessif de la répression et les
dangers de la promiscuité sont donc le vice capital
du régime disciplinaire réglementé par le décret du
18 juin 1880 et suffisent pour compromettre dès
ses premiers pas l'œuvre de la colonisation pénale.

La curieuse expérience tentée par l'amiral Pallu
de la Barrière qui, répudiant toute sévérité, gouverna les forçats avec une extrème douceur et
chercha, comme on dit vulgairement mais avec
beaucoup de justesse, à les prendre par les senti-
ments, est une preuve peremptoire que si la bonté
et la modération sont le meilleur moyen de rame-

ner au bien quelques âmes tourmentées, elles constituent quand on en use d'une façon systématique
et absolue, le meilleur moyen pour relâcher la discipline et duper la société au profit des forçats.

En vérité l'administration ne peut dompter les
malfaiteurs surtout au début que par une ferme sévérité et n'en sauver complètement quelques-uns
qu'en leur évitant tout contact avec la foule de
ceux chez qui la corruption est un invincible mal.

Il suffirait de rectifier la première période de
l'exécution de la peine pour que la transportation
reprenne dans l'échelle des peines sa véritable
place, et devienne sévère et intimidante, sans
cesser cependant d'être moralisatrice.

La faute n'est pas dans la loi mais plutôt dans
l'application qui en a été faite.

La transportation est une peine à double aspect.
Nous n'avons pu examiner le premier, c'est-à-dire
la période de répression, que très superficiellement,
ayant hâte d'arriver au second, à l'amendement et
à la récompense de l'amendement, en un mot au
véritable objet de cette étude, et de considérer le
transporté d'abord soustrait provisoirement à l'application de sa peine, ensuite libéré définitivement,
transformé en colon, autant que possible, père de
famille, et de forçat redevenu homme libre, quelquefois même honnête homme.

AMENDEMENT ET RÉCOMPENSE

DE L'AMENDEMENT DES CONDAMNÉS

CHAPITRE IV

CONSTITUTION DE LA FAMILLE

« L'administration, dit la première notice offi-
cielle, doit se préoccuper de donner au condamné
une situation morale qui influe sur ses idées, sur
son caractère, de façon à favoriser son retour au
bien, le réconcilie avec les principes sociaux qu'il a
violés, et lui crée même un intérêt à ce que ces
principes soient maintenus et respectés » (1).

Elle a cherché et poursuivi ce résultat par la cons-

1. Page 27.

titution de la famille, la création de la propriété et
la restitution de certains droits privés et publics au
profit des transportés. (1)

D'abord par la constitution de la famille.

Il est certain, en effet, qu'une femme et des enfants, mieux que tous les gendarmes et agents de
police, protègent le mari et le père contre les tenta-
tions de la récidive.

La première difficulté de la constitution de la famille, dans les colonies pénitentiaires, est la dispro-
portion numérique des sexes. Il y a un très petit
nombre de femmes, non seulement par ce que le
nombre des femmes condamnées est inférieur à celui
des hommes (en 1885, 3.687 hommes et 620 femmes ont été condamnés pour crimes. En 1886, 3684
hommes et 593 femmes. En 1887. 3634. hommes et 541
femmes) (2) mais aussi par ce que l'article 4 de la loi du
30 mai 1854 dispose que : « les femmes condamnées
aux travaux forcés pourront être conduites dans un
des établissement créés aux colonies, » et qu'il résulte des termes de cet article que l'administration
pénitentiaire a la facilité de ne point priver la métropole des femmes condamnées. — Les femmes ont
donc cet avantage sur les hommes, de pouvoir en

1. Pag e40,
2. *Statistiques du Ministère de la justice.*

général, choisir le mode d'application de leur peine et opter entre la réclusion dans les prisons centrales ou l'internement dans les colonies.

Après leur condamnation les femmes sont enfermées dans l'une des prisons centrales qui leur sont destinées.

Plusieurs fois par an, l'inspectrice générale des prisons, seule, ou assistée de deux inspectrices adjointes, reçoit du ministère de l'intérieur la mission de visiter ces prisons, et d'y choisir, parmi les prisonnières de bonne volonté, celles qui présentent quelques garanties de santé et de moralité suffisantes pour jouer un rôle utile dans les colonies. Très peu de femmes répondent à cet appel.

En général, elles ne partagent pas, sur les séductions de la vie coloniale, les opinions optimistes qui, avant la loi de 1880 réprimant les crimes commis en prison, poussaient tant de malfaiteurs à commettre quelque nouveau méfait pour avoir droit à la transportation.

Depuis 1852 jusqu'au 31 décembre 1884 ; 34,412 hommes et 468 femmes seulement ont été transportés en Guyane (1).

Depuis 1864 jusqu'au 31 décembre 1884 ; 15,436

1. Notice 84, p. 95 et 96.

hommes et 487 femmes ont été transportés en Calédonie.

A leur arrivée en Calédonie, les femmes transportées sont enfermées à Bourail dans un couvent di-
rigé par les sœurs de Saint-Joseph de Cluny, lesquelles, au dire d'un voyageur envoyé en mission
dans la Calédonie, « ont bien des misères à suppor-
ter de la part de ces créatures. » (1)

Les femmes, enfermées dans le couvent, y sont
soumises à peu près au même régime que dans les
maisons centrales. Le travail y est obligatoire ; mais
ce qui distingue le couvent de Bourail de tous les
autres établissements pénitentiaires et aussi de tous
les couvents, c'est qu'on y prépare les pensionnaires
au mariage. Les sœurs de Saint-Joseph ont la difficile et délicate mission de purifier le cœur de leurs
misérables élèves, et de les préparer, le plus complètement possible, au rôle d'épouse et de mère de
famille.

Quand un convoi de femmes arrive dans la colonie, l'administration prévient de cette bonne nouvelle les condamnés et les libérés.

Non seulement les libérés, mais encore les transportés en cours de peine, qui étant arrivés en première classe ont mérité d'être mis en concession

1. Lemire, Nouvelle-Calédonie, p, 91.

provisoire, peuvent se mettre sur les rangs et briguer le mariage.

La façon dont ils font leur cour à leur future épouse est naturellement très rudimentaire. Introduits dans le parloir du couvent, ils considèrent à travers une grille les pensionnaires aptes au mariage. La présentation étant faite, la conversation s'engage sous la surveillance d'une religieuse. Par crainte de supercherie, l'administration révèle à chacun des fiancés leurs antécédents judiciaires, et, malgré les cruelles révélations du casier judiciaire, « s'il y a, comme dit M. Moncelon, sympathie, élans mutuels, le mariage est décidé, et se fera dans les délais voulus par la loi. »

En général, ces mariages n'ont pas produit un aussi piteux résultat qu'on aurait pu l'attendre de la mauvaise qualité des époux. Assurément ils ont quelquefois mal tourné et occasionné, comme dit la notice de 1867, de fâcheux accidents : A vrai dire, l'écueil le plus fréquent de ces unions est la tentation qu'ont les maris de trafiquer de la prostitution de leurs femmes. L'occasion est tentante pour eux dans un pays comme la Calédonie, où les femmes étant rares, peuvent être l'objet d'une fructueuse exploitation. Tous ceux qui ont voyagé au milieu

1. Moncelon, p. 116-117.

des concessions assurent que ce n'est pas la terre
qui rapporte le plus aux forçats.

Les unions contractées avec des filles condamnées
pour infanticide ont généralement mieux réussi
que les autres, et cette observation faite dès le début de ces expériences conjugales a depuis été toujours confirmée. (Notice 1877, p. 46 et s.)

Un éminent magistrat autrefois directeur des
grâces au ministère de la justice, M. Babinet, a,
dit-il, « voulu vérifier, par des exemples bien choisis, l'influence que la transportation a pu exercer
sur des êtres réellement, et suivant toute apparence,
irrémédiablement dégradés. » (1)

Or, des 29 femmes sur lesquelles a porté l'examen de M. Babinet, et qu'il cite comme des exemples merveilleux de régénération, 20 avaient été
condamnées pour infanticide, 9 seulement pour
d'autres crimes.

Les notices officielles disent que ces expériences
conjugales ont quelquefois réussi, et cette affirmation n'a pas été démentie par les voyageurs d'esprit
impartial qui ont visité la Calédonie.

Ainsi, prendre deux malfaiteurs et les unir ensemble, ou depuis le rétablissement du divorce,
avec les débris de deux mauvais ménages en for-

(1) Not. 1877 p. 49 et suiv.

mer un bon, tel est le problème étonnant résolu par
l'administration. Un pareil résultat est fait pour
surprendre beaucoup et un peu pour encourager.
Mais si fortement encouragée que soit l'administration pénitentiaire, elle ne peut oublier que ce succès relatif s'explique uniquement par le petit nombre des expériences tentées.

Au 31 décembre 1884, le nombre des ménages formés ainsi en Calédonie, était de 166, en Guyane 79.

En 1882, il y en avait 123 en Calédonie, 91 en
Guyane.

En 1880, 90 en Calédonie, 98 en Guyane. (Notices
83, 82, 83, 80, p. 114 et 115).

On conçoit, en effet, qu'en risquant cette expérience conjugale sur un très petit nombre de sujets,
élus après un double choix, l'un dans la mère patrie, l'autre dans la colonie, l'administration ait pu
s'entremettre avec succès ; mais, pour peu qu'elle
élargisse le cercle de ses expériences, elle s'expose-
rait à un inévitable échec.

Unir entre eux des malfaiteurs, c'est, comme on
l'a dit très justement, pratiquer la sélection en sens
inverse. Les enfants nés d'un assassin et d'une vo-
leuse ne peuvent évidemment avoir ni l'éducation,
ni des instincts aussi bons que si leurs parents

1. Lemire, p. 264.

avaient toujours été honnêtes et travailleurs. Le phénomène de l'hérédité paraît dominer l'espèce humaine, comme tout le règne animal.

« Bien que les preuves en faveur de l'hérédité semblent assez obscures, quand on s'attache aux détails, à cause des innombrables différences des parents et des ancêtres, lesquels ont chacun une part d'influence variable dans chaque nouveau produit, — cependant, si l'on examine l'ensemble, l'évidence est accablante. » (1)

Les médecins ont observé que quand la mauvaise influence de l'un des conjoints n'était pas contrebalancée par l'autre, les lésions du cerveau et les maladies, non seulement étaient transmises, mais s'aggravaient encore chez les descendants ; en d'autres termes, l'hérédité, disent-ils, est cumulatrice. Or, il est exagéré d'affirmer, comme fait l'école italienne(2), que les criminels sont des malades, et que les assassins présentent les caractères propres aux races préhistoriques, caractères qui ont disparu chez les races actuelles, et qui reviennent chez eux par une sorte d'atavisme (3). Mais on peut soutenir

1. Spencer. Introduction à la science sociale, p. 162.
2. Lombroso. Ferri. L'uomo delinquente. Dei limiti fra diritto pénale ed antropologia criminale. *Revue du droit international*, t. XII.
3. Lubbock. *Traduction francaise.*

qu'en dehors des criminels d'occasion, beaucoup de malfaiteurs sont des individus maladifs, dans l'organisme trouble desquels il est encore impossible de déterminer où finit la raison et commence la folie. (1)

Leurs descendants seront donc ce que la science médicale appelle des êtres impulsifs voués presque fatalement au désordre et au crime.

Aussi bien, alors même que ces unions semblent réussir, faut-il souhaiter qu'elles ne fournissent pas une nombreuse postérité. Ce souhait d'ailleurs en fait est réalisé : d'abord ces mariages, ne sont pas très fréquents.

Non seulement peu de femmes sont transportées, mais toutes ne consentent pas naturellement à se marier.

En 1876, 8 mariages ; en 1877, 26 ; en 1883, 24 mariages ont été ainsi conclus entre condamnés.

En outre généralement ces mariages demeurent stériles, ou la plupart des enfants qui en naissent meurent en bas âge. (2)

1. *Revue expérimentale de phrénologie et de médecine légale*, en rapport avec l'anthropologie et les sciences juridiques, (revue fondée à Reggio par le professeur Livi.) Le professeur Lombroso de Turin avec MM. Ferri et Garofalo, est aujourd'hui le chef de cette école qui par l'application des sciences expérimentales tente de renouveler la science pénitentiaire.

2. Rapports médicaux. Docteurs Ducret, Orgeas *de la colo-*

Par conséquent les mariages entre condamnés comme mode de la constitution de la famille, ne pourront jamais fournir à l'œuvre de la colonisation qu'un appoint limité, et n'y pourront jamais jouer qu'un rôle insignifiant.

Ils resteront sans doute dans cette œuvre comme exemple d'une expérience hardie et curieuse à plusieurs titres, plutôt que comme une véritable solution.

Un deuxième moyen d'organiser la famille dans les colonies pénitentiaires consisterait à marier, à croiser les condamnés avec les femmes indigènes. La race française à qui l'on conteste l'aptitude colonisatrice est peut-être la seule qui ait réussi à se mêler aux populations indigènes sans cependant s'y fondre ni s'y absorber comme ont fait notamment les Allemands en Amérique.

Même abandonnés de la métropole, les colons d'origine française au Canada, ont conservé les mœurs, le langage, le génie national, en même temps qu'ils s'unissaient, se mêlaient aux races aborigènes (1) et réussissaient à se les assimiler.

---

nisation de la Guyane par les Européens. De Lanessan. Expansion coioniale de la France.

1. La descendance des immigrants français a atteint au Canada le chiffre de plus d'un million et demi d'hahitants. D'après le calcul du gouvernement anglais peu suspect en

Cette robuste souplesse de notre race est une qualité d'autant plus précieuse pour la colonisation, que dans les pays chauds comme la Guyane, redoutables aux Européens tant que l'insalubrité du sol n'a pas été corrigée par l'industrie humaine, le meilleur moyen d'établir et de maintenir la race blanche paraît être de la croiser avec les races autochtones.

Sur ce point comme sur quelques autres la science médicale n'est pas encore fixée. Des médecins déclarent que l'homme n'est pas cosmopolite ; non plus qu'un noir dans les pays froids ou tempérés, un blanc ne peut se reproduire dans le pays chauds; à la deuxième ou troisième génération au plus tard la race s'éteint, et si à force de précaution et d'hygiène : « l'acclimatation individuelle est possible, l'acclimatement de la race ne l'est pas. » (1)

D'autres, tiennent pour le cosmopolitisme de l'homme, mais l'opinion la plus plausible est celle des médecins qui affirment que le plus sûr moyen pour la race blanche de s'acclimater et de se perpétuer

pareille matière, le recensement de 1879 signale 1.082.940 habitants d'origine française. En 1880, 1.278.927.

1. Docteurs Rochard, Bertillon, Orgeas. *Contrà* docteurs Treille, Bremand de l'acclimatation des Européens dans les pays chauds. V. acclimatation, *Dictionnaire de médecine et de chirurgie*, v. *Bulletin de la Société des études coloniales et maritimes*. Janv. 1885, p. 27. 1883, p. 406, p. 257.

dans les pays chauds est de s'y mélanger aux races indigènes.

Leur théorie est confirmée par l'histoire de l'Amérique du Sud, du Mexique et des Antilles françaises peuplés de métis espagnols et de métis français ; à l'inverse par l'histoire de la Guyane un des pays où il y a le moins de métis, un de ceux aussi où la colonisation européenne a le plus médiocrement réussi.

Les rapports médicaux dans la colonie, corroborent encore chaque jour cette opinion. En un an « sur 353 enfants blancs nés vivants 117 sont morts dans la première année de leur vie, soit 33 pour cent, tandis que sur 26 enfants appartenant aux autres races (races pures ou croisées) 4 seulement sont morts avant d'avoir un an révolu, soit 15 pour cent. » (1)

Le croisement des races, le métissage, devrait donc être tenté et encouragé en Guyane. Mieux que les mariages entre condamnés qui nécessairement seront toujours restreints et souvent stériles, le mariage des condamnés avec des créoles serait un excellent procédé pour former une race mixte qui spontanément acclimatée au sol et dégrossie par

1. Rapports médicaux. Docteur Orgeas, *Colonisation de la Guyane par la transportation*, p. 104. La *Pathologie des races humaines et le problème de la colonisation*, p. 385, 300 et s.

l'éducation assurerait à la Guyane, peut-être dès la deuxième génération, une utile et solide population de colons.

L'administration jusqu'ici n'a point usé de cette mesure et les notices n'en citent que de très rares exemples.

Par contre elle a dépensé beaucoup d'efforts en pure perte pour acclimater en Guyane les condamnés de race arabe, les y marier et constituer « un centre où mélangé à l'élément européen, l'élément arabe et kabyle pourrait grandir, s'améliorer et prospérer. (1) »

Malheureusement les arabes paraissent être de détestables maris, aucun mariage n'a réussi ; en outre ils ne se résignent jamais à l'expatriation et dans l'espoir de quitter la colonie ou de s'en évader, refusent de travailler (notice 1884. p. 80). (2)

1. Notice 80-81. p. 238 et 287, p. 277. Voir *Extrait du journal algérien*, le Mockaber du 1er août 1882. Notice 82-3, p. 233, p. 251 et 253.

2. Les indigènes de la Guyane sont des indiens appartenant à différentes tribus, dont la plus importante par son nombre et ses relations avec la race européenne est la tribu des Galibis (relations du docteur Crevaux. *Tour du monde* 1881).

Les tribus qui habitent dans l'intérieur des terres sont absolument sauvages, de mœurs primitives, généralement douces sous cette réserve que quelques-unes sont encore ac-

L'administration n'a pas davantage essayé à la Calédonie de croiser les différentes races qui y coexis-
tent. Il est vrai que ce procédé n'a pas dans cette
colonie les mêmes raisons d'être qu'en Guyane puisque le climat y est tempéré ; la race blanche peut
sans aucune fusion y croître et multiplier ; mais le
véritable motif pour lequel l'administration n'a pas
tenté de croisements est tiré du caractère et de la
situation de la race indigène. La population canaque
est évaluée à près de 23,000 habitants mais c'est une
race condamnée à disparaître : non point que les
Français aient appliqué contre elle la méthode bar-
bare des Espagnols ou des Américains contre les
Indiens et les peaux rouges, mais les Canaques
étant trop paresseux pour travailler et n'ayant qu'u-
ne alimentation insuffisante, sont rapidement dé-
cimés par la phtisie et l'alcoolisme. — De plus, les
femmes étant considérées comme de véritables bêtes
de somme et soumises aux plus pénibles travaux, il
s'ensuit que depuis longtemps dans ce pays la mor-

cusées de cannibalisme par les voyageurs. *De l'émigration
européenne dans les prairies de la Guyane. Bulletin de la Société de
géographie commerciale*, t. VIII, p. 84-85, troisième fascicule,
p. 265.

En outre certaines des Iles Antilles ont une population
très dense, on pourrait y recruter des femmes qui pourraient
mieux que les pensionnaires de Bourail assurer aux condamnés les bienfaits de la famille et les pures joies du foyer,

talité est bien plus considérable chez les femmes
que chez les hommes, si bien qu'aujourd'hui il y a
un très petit nombre de femmes.

Ce qui n'empêche pas les Canaques de pratiquer
la polygamie ; aussi les indigènes n'ont-ils pas pour
eux-mêmes un nombre suffisant de femmes.

Comment les Européens en pourraient-ils trouver ? (1)

Dans d'aussi lointains pays, ceux-ci sont forcés
de ne pas se montrer difficiles sur le choix de leurs
épouses, mais au dire des voyageurs, les Canaques
sont d'une laideur véritablement repoussante et
sur laquelle leurs vêtements primitifs ne permettent même pas un instant d'illusion (2).

De leur côté les Canaques et les néo-hébridais
répugnent à épouser des Européens.

En résumé le croisement des races demeure dif-

1. M. Lemire cite un village de la Calédonie où il compta
en tout trois femmes. Avant l'occupation française, les Canaques partaient souvent en guerre, tribus contre tribus,
pour le même motif qui jadis alluma des querelles entre les
Romains et les Sabins (Bulletin de la Société des études etc.
A. 1885, janvier. p. 112).

2. « Les néo-Calédoniens ou Canaques ont la peau noire,
les cheveux crépus et laineux, le nez large, épaté, les lèvres
épaisses et retournées en dehors, la machoire proéminente,
les pommettes saillantes. » et M. de Lanessan ne craint cependant pas d'ajouter : « les femmes sont beaucoup plus lai-
des que les hommes. »

ficilement praticable en Calédonie et n'a pas encore
été pratiqué dans la Guyane malgré les réels avantages que comporte, au moins en cette dernière colonie, ce deuxième mode de constitution de la famille.

Le 3ᵐᵉ mode, celui dont l'administration pénitentiaire espère avec raison le succès, consiste à réinté-
grer le condamné au milieu de sa propre famille. (1)

Un très grand nombre de familles demandent à
rejoindre leur chef. Il est à remarquer que l'esprit
de famille semble se retremper et s'affermir dans le
malheur, de même que le patriotisme, si affaibli
qu'il paraisse en temps ordinaire se ranime aux premiers bruits de guerre.

Les familles des condamnés les plaignent trop
pour les juger sévèrement, les enfants ne sont pas
élevés dans le mépris de leur parent coupable.

On peut se demander jusqu'à quel point il est
légal d'adoucir ainsi le sort des condamnés en les
rendant à leur famille.

La loi de 1854 à la différence de la loi de 1873
est muette sur ce point, mais le Gouvernement en

---

1. En 1885, sur 4313 individus condamnés pour crimes,
2942 étaient célibataires, 295 veufs, 1476 mariés. En 1886,
sur 4277 condamnés, 2545 célibataires, 308 veufs, 1424 mariés. En 1887, sur 4184 condamnés, 2525 étaient célibataires,
238 veufs, 1421 mariés. (*Statistiques du ministère de la justice*).

vertu de la délégation qui lui a été faite par l'article 14 de la loi de 1854 est investi et use du droit
d'interpréter largement cette loi.

D'autre part, en exigeant que le condamné soit
arrivé en 1re classe et mis en concession avant que
sa famille le rejoigne, l'administration impose aux
familles un stage long et douloureux. Après deux ou
trois ans d'attente, puisqu'il faut six mois au moins
pour qu'un condamné s'élève d'une classe inférieure
à une classe supérieure, les familles ont pu chercher une autre voie, se créer d'autres ressources, et
sont par conséquent perdues pour le condamné, et
pour les colonies.

« Souvent les requérantes, leurs premières démar-
ches étant restées infructueuses, disparaissent et
changent de projets. La faim les pousse à quelques
liaisons irrégulières et elles s'y tiennent. Parfois
aussi elles viennent quand même, comme cette femme que nous avons vu rejoindre son mari condamné
depuis six ans et auquel elle amenait deux enfants
de 3 et 4 ans » (Denis, p. 513).

Ce stage est quelquefois d'autant plus regrettable
que, surtout parmi les malfaiteurs d'accident, certains étaient de bons travailleurs, véritables soutiens
de famille ; en les frappant, la loi impitoyable a du
même coup atteint et puni la famille tout entière.

En outre les sujets de l'administration péniten-

tiaire sont des êtres affaiblis moralement et physiquement : reculer la récompense, la mettre loin de
leur portée, c'était risquer de les décourager et compromettre le succès de la colonisation pénale. Au
fond il y a deux intérêts contraires en présence, celui de la répression et celui de la colonisation. Or,
l'administration pénitentiaire afin de coloniser, a
été forcément amenée à préférer le second.

Mais la principale raison qui justifie les procédés
de l'administration : c'est que la loi de 1854 (article
11) et le décret de 1878, rendu conformément à cette
loi, autorisent le condamné, alors même qu'il est en
cours de peine, à jouir d'une concession.

Dès qu'on lui accorde cette concession avec une
sorte de libération anticipée, n'était-il point utile
d'aller jusqu'au bout de cette voie généreuse, et
d'assurer au condamné, comme éléments de morali-
sation, non seulement le travail, mais aussi la famille, avec le merveilleux ressort et toutes les forces
que cet amour fournit à l'activité et à la moralité
humaines.

L'administration a donc le droit d'écrire comme
elle le fait dans la notice de 1867, p. 42, que « pour
obéir *au vœu de la loi,* elle autorise les familles lais-
sées en France, à rejoindre leur chef lorsque celui-
ci s'en montre digne par son repentir et son assi-
duité au travail. »

La loi, en effet, a voulu et recherché la moralisa-
tion des condamnés.Qui veut la fin veut les moyens.
Or le travail et la réintégration du condamné dans
la famille ne sont-ils points les meilleurs moyens
que l'on connaisse ? En effet les mariages consoli-
dés ainsi dans les colonies sont ceux qui ont donné
les meilleurs résultats, et comme non-seulement la
femme, mais quelquefois aussi des parents moins
proches obtiennent leur transport aux colonies ; ces
familles, par leur immigration continue (1) et régulière constituent un premier noyau de colons libres.
En même temps qu'elles facilitent au condamné
soutenu et entouré par elles, sa régénération définitive, elles préparent cette colonisation mixte, de-
mi-pénale demi-libre, qui, si elle est fortifiée plus

1. Le nombre des familles tend à augmenter en suivant
une progression presque régulière :
En 1884 ; en Calédonie : femmes ou filles libres ayant
rejoint leurs maris ou parents transportés : 92.
Enfants venus de France 166.
En Guyane : 4 femme et 4 enfants.
En 1882 : en Calédonie 105 femmes, et 130 enfants.

En Guyane	10	»	15	»
En 1881 : en Calédonie	84	»	130	»
En Guyane	15	»	21	»
En 1879 : en Calédonie	51	»	131	»
En Guyane	15	»	17	»
En 1877 : en Calédonie	60	»	132	»
En Guyane	15	»	13	»

tard, comme il est permis de l'espérer, par un afflux
plus considérable d'immigrants libres et de capitaux, pourra procurer à nos colonies pénitentiaires,
si longtemps languissantes, non pas seulement la
santé, mais une réelle prospérité.

En définitive dans cette société en formation,
comme dans les vieilles sociétés, le mariage est la
base et le fondement de l'édifice.

Néanmoins, l'administration ne laisse pas que
d'entourer la conclusion des mariages de certaines
précautions, notamment, quoique l'interdiction légale, ni aucune des déchéances encourues par les
transportés n'aient pour effet, de les priver du droit
de se marier, l'administration surbordonne le mariage des transportés en cours de peine à l'autorisation préalable du gouverneur de la colonie.

Enfin, les demandes en autorisation de mariage
doivent être portées à l'examen du conseil privé.

Par contre, lorsque les condamnés arrivés en 1re
classe et ayant quelques ressources pécuniaires, ont
obtenu l'autorisation du gouverneur, lorsqu'aussi
toutes les conditions d'ordre disciplinaire sont rem-
plies, leurs mariages sont facilités et encouragés par
un ensemble complet de règles posées en partie par
la loi, en partie par l'administration.

D'abord le décret du 24 mars 1866 affranchit les
mariages des formalités compliquées qui pourraient

en retarder la conclusion, tout en laissant subsister les garanties essentielles contre le surprises et
les accidents.

Ensuite, quand le mariage est célébré, l'administration continue sa mission de tutelle et de protection, elle a même pour les gens mariés des atten-
tions quasi-maternelles, et fournit à la femme un
trousseau complet comprenant jusqu'à des mou-
choirs de poche.

D'après l'article 4 de la décision ministérielle du
16 janvier 1882 (1) le concessionnaire marié en outre
des vivres et allocations distribués à chaque concessionnaire célibataire a droit à une ration de vivres
pour la femme, à un secours en argent de 150 francs,
à un trousseau, au traitement gratuit à l'hopital si sa
femme ou quelqu'un de sa famille tombe malade
«pendant la période des allocations» c'est-à-dire pendant les trente premiers mois de son établissement.

En outre il se peut que le concessionnaire, peu
sensible aux avantages de la propriété et de la vie
de famille, abandonne sa concession, ou encoure
quelque motif de déchéance.

En ce cas la concession ne revient pas toujours à
l'Etat. Le gouverneur peut l'attribuer au conjoint

1. Notice 85 p. 209.

ou aux enfants de l'ex-concessionnaire (article 8, décret de 1878).

En outre; si le concessionnaire meurt avant que sa concession de provisoire soit devenue définitive, la veuve ou les enfants peuvent être autorisés à continuer l'exploitation et devenir propriétaires définitifs, (article 5)

Enfin pour couronner cet ensemble de mesures, le gouvernement, profitant de la délégation à lui faite par la législation de 1854, a fait brèche aux principes du Code civil, et réalisant au profit des malfaiteurs régénérés, la réforme que le législateur n'a pas encore trouvé le temps de faire au profit des honnêtes gens, il a donné au conjoint survivant des droits étendus à la succession du prémourant.

DROIT SUCCESSORAL

Dans le règlement des successions *ab intestat,* le conjoint survivant n'a pas été favorisé par les auteurs du Code civil.

Il n'est pas héritier mais seulement successeur irrégulier, et n'a donc point la saisine qui aurait pour effet de continuer malgré la mort la situation établie par la vie commune.

Et si les époux n'ont pas eu l'un pour l'autre une affection prévoyante, s'ils se laissent surprendre par la mort, le survivant est exposé à perdre du même coup le bonheur et la fortune. Il est préféré au fisc mais il passe après tous les collatéraux, fussent-ils au douzième degré fussent-ils totalement inconnus du *de cujus*, car tels sont d'après la loi, les intentions présumées du défunt et l'ordre de ses affections, résultat d'autant plus rigoureux que ces collatéraux préférés au conjoint sont généralement inconnus; l'extension du principe de l'hérédité naturelle jusqu'au XII° degré, a cessé d'être en rapport avec l'état actuel de la société (1).

Toutefois le législateur ne s'est pas trompé en expliquant par l'ordre présumé des affections du *de cujus* le mauvais rang attribué au conjoint.

C'est qu'en effet si vive qu'elle soit, l'affection des époux est toute personnelle, elle s'étend rarement aux membres de la famille par alliance, rarement même aux beaux-pères et belles-mères.

Or, si le survivant, après avoir hérité de la fortune du prémourant, mourait sans qu'aucun enfant fût né du mariage, il s'ensuivrait que par suite de ce décès toute la fortune du prémourant passerait à la famille du dernier mourant. Par conséquent le pré-

---

1. Cauwès, Précis d'économie politique, t. 2 p. 243.

mourant aurait préféré la famille de son conjoint à sa propre famille.

C'est ce résultat que la loi ne considère pas comme conforme aux intentions probables du défunt et qu'elle veut écarter.

Il y a donc deux principes contraires à concilier dans le règlement des successions *ab intestat* : d'une part garantir le maintien de la fortune dans les mêmes familles et assurer à la transmission des biens un cours régulier, bien conforme dans la majorité des cas, à l'esprit et aux traditions de famille.

D'autre part, assurer au conjoint le maintien de ses droits acquis et lui assurer dans la succession même une place répondant à celle qu'il occupe dans les affections du défunt.

La meilleure solution qu'on ait proposée dans ce but serait d'accorder au survivant un droit d'usufruit.

Un projet en ce sens fut déposé en 1872 par M. Delsol devant l'Assemblée nationale (V. *Journal officiel*, 7 juin 1872).

Ce projet a été l'objet d'une approbation flatteuse de la part du parlement, comme de la doctrine. On a reconnu qu'il comblerait heureusement une lacune de notre législation. Aujourd'hui encore il ne manque plus à ce projet que d'être voté. C'est seulement au profit des déportés et des transportés que le droit successoral a été réformé.

L'article 10 du décret du 31 août 1878 ne fait que reproduire presque textuellement les dispositions de l'art. 13 de la loi du 25 mai 1873 (V. *Journal officiel*, 21-26 mars 1873). « En cas de décès du concessionnaire après le moment où la concession est définitive, les biens qui en font partie sont attribués aux héritiers d'après les règles du droit commun. Néanmoins, dans le cas où il n'existe pas de descendant résidant dans la colonie, la veuve, si elle habitait avec son mari, succède à la moitié en propriété de la concession si elle appartient en entier au mari ou la moitié de la partie dont il est propriétaire. En cas d'existence de descendants résidant dans la colonie, le droit de la femme n'est que du tiers en usufruit. »

Il résulte clairement de ces textes que le législateur de 1873, comme le gouvernement en 1878, a établi que les principes généraux de notre législation successorale seraient respectés, et que le droit du conjoint survivant dans les colonies pénitentiaires n'était qu'une exception nécessitée par des circonstances de fait.

A la mort d'un condamné, il y a pour ainsi dire deux successions :

L'une comprend tous les biens autres que les biens coloniaux, et reste soumise au droit commun;

L'autre comprend tous les biens coloniaux, et est soumise à des règles particulières.

5

Mais seulement en ce sens que deux dérogations sont apportées au droit commun.

La première est que, contrairement au principe posé dans l'article 732, la loi considère la nature et l'origine des biens pour en régler la succession.

La deuxième est que, contrairement à la règle de l'article 767, le conjoint est préféré aux collatéraux.

S'il n'y a pas de descendants, le conjoint a la moitié de la propriété de la concession.

S'il y a des descendants, il a le tiers en usufruit.

Mais le conjoint ne prime pas les collatéraux ; et, d'autre part, les descendants ne limitent à l'usufruit les droits du conjoint que s'ils résident dans la colonie.

Les dérogations au droit commun sont donc subordonnées à la réalisation d'une condition de fait. Sinon, en dehors des exceptions faites en faveur du conjoint et des descendants résidant dans la colonie, le droit commun reprend son empire, et les biens coloniaux eux-mêmes sont dévolus conformément à ses règles.

Aussi, au point de vue purement juridique, est-il inexact de dire que la mort d'un condamné fasse ouvrir deux successions distinctes.

Avant que la mort civile fût abolie, il pouvait y avoir deux successions distinctes : l'une qui s'ouvrait au moment de la condamnation, et comprenait les biens possédés par le condamné, l'autre

qui s'ouvrait au décès du condamné et qui se com-
posait des économies faites par le condamné depuis
l'exécution de la condamnation perpétuelle.

Aujourd'hui il ne saurait y avoir qu'un patrimoine et qu'une succession unique. Mais dans cette
succession les biens coloniaux constituent une uni-
versalité juridique distincte de tous les autres biens.

Dans l'ancien droit, les meubles, les acquêts et
les propres formaient des universalités juridiques
distinctes les unes des autres, bien que compri-
ses dans le même patrimoine. Le droit actuel
reconnaît encore que certaines universalités se dis-
tinguent du patrimoine (1) sans que cependant, le
patrimoine cesse d'être considéré comme un et in-
divisible.

Tel est notamment le caractère des biens soumis
au retour légal en cas de succession anomale. Tel
est aussi celui des biens composant la fortune coloniale et sur lesquels s'exercent les droits exceptionnels du conjoint survivant. Il existe toutefois une
différence entre les biens coloniaux et ceux soumis
au retour légal.

En effet les biens composant la succession anomale sont *tous* régis d'après des règles particulières
en opposition avec l'autre succession dévolue conformément au droit commun tandis que les biens

1. Aubry et Rau, t. VI, p. 234.

composant la succession coloniale sont régis en partie d'après le droit commun, en partie d'après des
règles exceptionnelles.

Ainsi au cas où il y a des descendants résidant,
un tiers en usufruit est donné au conjoint, mais la
propriété de la concession par conséquent la plus
grande partie des biens coloniaux est soumise aux
règles du droit commun.

S'il n'existe pas de descendants ou si ceux qui
existent ne résident pas dans la colonie, la moitié
de la propriété appartient au conjoint, mais l'autre
moitié est partagée parmi les héritiers restés dans
la métropole conformément au droit commun et
d'après la règle fondamentale de l'affection présu-
mée du défunt.

En dernière analyse, il est plus juste de comparer
simplement la fortune coloniale du condamné à un
pécule sur lequel le conjoint et les descendants résidant dans la colonie ont des droits exceptionnels
dûs principalement à un état de fait : leur présence
dans la colonie.

A ce propos, on peut regretter que le gouvernement n'ait pas étendu davantage l'application de
cette idée et qu'il n'ait point fait une brèche plus
large dans les principes du Code civil.

Il semble qu'il eût été préférable de donner sur
le pécule colonial des droits exceptionnels, non seu-

lement au conjoint et aux descendants, mais aussi, à leur défaut, aux ascendants et aux collatéraux, à tous les parents résidant dans la colonie, en un mot d'appeler à la succession coloniale la famille coloniale.

Ce serait un bon moyen pour favoriser l'émigration libre et la réintégration du condamné dans sa famille que d'assurer une récompense à toutes les familles qui font le sacrifice douloureux de s'expatrier.

Les familles rejoindraient plus volontiers un parent condamné si elles pensaient, par ce moyen, avoir droit à quelques-uns des avantages que la métropole ou les gouvernements locaux accordent généreusement aux émigrants.

Aujourd'hui, quand les parents restés en France apprennent brusquement qu'ils ont hérité de quelques biens situés à des milliers de lieues, ils se hâtent de les vendre à vil prix. Ils ne vont aux colonies que si la succession est considérable, événement fort rare. La moyenne de ces successions est loin d'atteindre 500 francs ; et le plus souvent la fortune des concessionnaires se monte à peine à une centaine de francs.

De cette somme il faut le plus souvent défalquer les dettes dues pour frais de justice, dont le recouvrement est garanti, par l'hypothèque établie sur chaque concession en vertu du décret du 16 janvier 1882 (article 11).

Il faudra bien du temps avant que les oncles de Calédonie ait le même prestige et la même légende que les oncles d'Amérique.

Le décret de 1878 a toutefois réalisé un progrès sur la loi du 25 mars 1873.

Il édicte en effet que les descendants eux-mêmes ne primeront le conjoint sur le pécule colonial qu'à condition de résider dans la colonie.

En même temps, il a ainsi nettement affirmé et mis en relief la raison d'être de ce droit successoral particulier qui est de récompenser l'expatriation et d'encourager la colonisation.

Ce n'est donc point seulement en qualité de conjoint, mais plutôt et surtout en qualité d'associé, si on peut dire ainsi, que le survivant bénéficie de l'exception faite aux règles de l'article 767.

Cela est tellement vrai que la loi de 1873, comme l'article 10 du décret de 1878 disposent que la femme succédera à la moitié de la concession « si elle habitait avec son mari à et que l'article 14 du décret ajoute que les avantages stipulés... au profit de la femme d'un transporté concessionnaire de terre sont applicables *sous les mêmes conditions* à l'époux d'une femme transportée, titulaire d'une concession. »

Cette rédaction peut donner lieu à quelques dif-

ficultés, notamment on peut se demander quelle serait la situation d'une femme qui après avoir rejoint
son mari dans la colonie, serait séparée de corps ou
divorcée au moment du décès.

Le décret n'exige pas que la cohabitation existe
encore au moment du décès: par conséquent si
la cohabitation a cessé depuis peu, le survivant
ne perd pas ses droits à la succession. Les mots « si
elle habitait » signifient que le décret de 1878 exige
qu'il y ait eu cohabitation pendant un certain
temps, en d'autres termes il y a là une question de
fait que les tribunaux peuvent trancher le cas
échéant.

En second lieu, quand l'administration retire à
l'un des conjoints pour cause d'indignité sa concession, elle a le pouvoir de la maintenir au profit de
l'autre conjoint de façon à ce que l'un ne pâtisse
pas injustement des fautes de l'autre. (1)

Or, si cette disposition équitable peut être prise
du vivant des deux époux, elle peut l'être aussi à la
dissolution du mariage.

En effet les termes du décret de 1878 donnent au
gouverneur un pouvoir très étendu.

_____

1. Article 9 — Le gouverneur en conseil privé peut attribuer la concession à la femme du concessionnaire déchu ou
à ses enfants s'ils résident dans la colonie.

Malgré cette légère équivoque l'article 10 a l'avantage de révéler le véritable caractère du droit du conjoint. Ce droit est une récompense ; soit parce que la femme a eu le courage de s'arracher à son pays et à sa famille pour rejoindre en des pays lointains un mari flétri par la justice ;

Soit si le mariage s'est formé dans la colonie, parce qu'il serait injuste et contraire aux intérêts de la colonisation de frustrer le survivant de biens obtenus par un travail et des efforts communs.

Cette législation satisfait ainsi au double but de récompenser le dévouement des familles, de respecter des droits acquis et en même temps de faciliter l'exploitation des concessions.

Quant à la nature juridique du droit du conjoint le décret de 1878 ne l'a pas modifiée. Le conjoint n'est pas héritier ; il n'est que successeur irrégulier. Il n'a pas la saisine, et doit se faire envoyer en possession par le tribunal du lieu où s'ouvre la succession, c'est-à-dire par le tribunal de la colonie où est mort le condamné. Ainsi il n'est pas tenu du paiement des dettes *ultrà vires successionis* comme il l'eut été en qualité d'héritier.

Quand il n'y a pas de descendant résidant dans la colonie, le conjoint a la moitié en propriété de la concession.

S'il y a des descendants le tiers en usufruit.

Est-ce suffisant ?

Le plus souvent les transportés n'ayant pas de fortune, se marient sans contrat, et se trouvent par conséquent soumis au régime de la communauté légale.

« Les terrains dont la concession devient définitive pendant le mariage sont communs lorsque le transporté et son conjoint sont mariés en communauté ou avec société d'acquêts. »

(Article 6 du décret de 1878).

La femme possède donc déjà la moitié de la propriété, des acquêts et des économies que le ménage a pu réaliser. Succédant en outre à la moitié de la part du mari, elle a en toute propriété les 3/4 de la concession.

Il lui sera donc souvent facile de racheter le quatrième quart, et de reconstituer l'unité de la concession.

Il peut arriver en pratique que la part du conjoint soit plus ou moins étendue :

D'après l'article 11 du décret de 1878, le transporté non libéré peut, dans les limites autorisées par les articles 1094 et 1098 du Code civil disposer de ses biens coloniaux « soit par des actes entre vifs, soit par testament, en faveur de son conjoint habitant avec lui » mais ce n'est pas seulement en faveur de son conjoint que le condamné peut avoir la libre disposition de ses biens.

Le condamné peut être autorisé avant sa libération à jouir ou à disposer de tout ou partie de ses
biens. (Article 12, loi du 30 mai 1854).

C'est d'ailleurs en doctrine une question controversée que de savoir si un individu en état d'interdiction légale ne peut pas faire un testament vala-
ble puisque l'interdiction légale prive simplement
de l'exercice et non pas de la jouissance des droits.

Quant aux condamnés à une peine perpétuelle
frappés de l'incapacité de disposer et de recevoir,
ils peuvent en être relevés par le gouvernement.
(Article 4, loi du 31 mai 1854).

Grâce à cette faculté il se peut que le prémourant
ait disposé autrement qu'en faveur de son conjoint
de tout ou partie des biens disponibles. La question
est de savoir si la part réservée au survivant par le
décret 1878 a le caractère d'une réserve, ou si au
contraire cette part peut être diminuée, et même
supprimée par les dispositions gratuites du pré-
décédé.

Aucune des nombreuses dépêches ministérielles
qui ont interprété les points douteux ou obscurs du
décret, n'a trait à cette question.

Nous n'hésitons pas à la trancher en faveur du
conjoint, et à dire que la récompense que le décret
lui assure a le caractère et la sécurité d'une réserve.
L'institution de la réserve est une équitable tran-

saction, entre le principe de la liberté testamentaire et le droit absolu des enfants à la succession
paternelle. Elle repose sur cette idée que les enfants
ont le droit d'exiger de ceux qui les ont mis au
monde, des ressources et les moyens de vivre, or le
droit du conjoint à la succession coloniale se justifie par des raisons plus fortes et véritablement pé-
remptoires (1).

Qu'il y ait eu union ou réunion dans la colonie,
les conjoints qui ont travaillé et peiné ensemble,
ont sur leur concession un droit acquis, véritable
droit de co-propriété, dont ils ne peuvent être frus-
trés ni par caprice, ni même par la volonté l'un de
l'autre.

L'intention des auteurs du décret de 1878 est
d'autant plus manifeste, qu'ils ont préféré le conjoint aux descendants eux-mêmes quand ceux-ci ne
résident pas dans la colonie.

1. M. Delsol, dans son rapport (*Journal officiel*, 7 juin
1872, p. 3822) résout la question en sens contraire. « Faut-il
aller plus loin et dire comme le code prussien que l'époux
survivant aura une réserve légale ? Nous ne saurions lui con-
céder un tel avantage, il faut qu'un époux puisse exhéréder
son conjoint, si celui-ci a une fortune personnelle suffisante,
ou s'il a donné au défunt de graves sujets de mécontentement. »
Il faut convenir que ce dernier motif au moins pourrait
tout aussi bien être invoqué contre la réserve du descendant,
et que le premier ne pourrait être souvent invoqué dans les
colonies pénitentiaires.

Toutefois, au cours de la discussion de la loi de
1873, M. Humbert, interrogé sur cette question par
M. Bertauld, répondit, mais sans fournir aucune
explication, qu'à n'en point douter le conjoint n'é-
tait pas héritier et n'avait pas de réserve (1).

Il résulte de notre solution que la liberté de tes-
ter ou de disposer par acte entre vifs restituée légalement aux condamnés est en fait très amoindrie,
c'est de quoi les partisans les plus convaincus de la
liberté testamentaire ne sauraient se plaindre. S'il
est vrai qu'il n'y ait pas de magistrature plus im-
posante et plus difficile que celle d'un testateur
soucieux de son honneur et de l'intérêt des siens,
il serait imprudent de se faire des illusions sur la
façon dont cette magistrature serait remplie par des
transportés, en admettant même que la vie de la
famille et les joies de la propriété les ait convertis
et complètement régénérés.

La concision peut, dans un texte, être une cause
d'obscurité.

L'article 10 ne fournit presqu'aucun élément de
solution à la plupart des difficultés qui peuvent dé-
river de l'innovation qu'il a consacrée. Il est vrai
que jusqu'ici elles n'ont pas suscité de controverse,
cependant l'examen n'en est point purement spécu-

1. *Journal officiel*, 26 mars 1873, p. 2105.

latif; elles donneront lieu à de sérieux embarras quand des condamnés en mourant laisseront des fortunes suffisantes pour allumer des convoitises et exciter à des chicanes.

Pour en trouver la solution, la règle est de s'en référer aux principes du droit commun, puisque, abstraction faite des quelques innovations consacrées formellement par le décret, ces principes ne laissent pas que de gouverner le droit successoral usité dans les colonies. Telle est, en effet, la règle fondamentale posée nettement en vedette dans l'art. 13 de la loi de 1873 et dans l'art. 10 du décret de 1878.

Nous avons ainsi examiné l'ensemble des mesures par lesquelles le législateur et l'administration favorisent d'abord et récompensent ensuite la formation des mariages.

Tant d'efforts pour assurer dans les colonies pénitentiaires la construction et le développement de la famille ne demeureront pas infructueux.

Il est vrai que, sauf de rares exceptions, la première génération de transportés ne fournira que de médiocres colons, la moisson ne peut être ni aisée ni abondante sur un terrain ingrat, mais quand une deuxième génération aura remplacé la première, les colonies bénéficieront du résultat dû aux efforts prolongés de l'administration.

Aussi bien est-il étonnant que la législation péni-

tentiaire si riche et fertile cependant en lois, règlements, décrets et décisions soit encore à peu près
muette sur l'instruction et l'éducation des enfants.

Sauf la décision du gouverneur de la Guyane (1)
relative aux rations de vivres auxquelles ont droit les
enfants pauvres dans les écoles, et un décret du 19
décembre 1877 instituant à Bourail une ferme école
afin de donner aux enfants des concessionnaires une
instruction agricole pratique (2), rien dans l'ample
collection des notices n'indique que l'administration
se soit préoccupée des enfants nés de ces mariages
formés avec tant de peine et de soin.

Le rapport précédant la notice de 1885 n'en parle
que pour constater l'absence des précautions élémen-
taires dont leur éducation devait être entourée.

Dans les écoles « il y aurait beaucoup plus d'é-
lèves, est-il dit dans ce rapport, si, soit à raison de
l'éloignement, soit pour toute autre cause ou prétexte, un certain nombre d'enfants n'étaient retenus loin de l'école » (page 43).

S'ils sont retenus loin de l'école, ils restent donc
au milieu de leur famille, et l'on ne peut pas nour-
rir d'illusions sur le singulier genre d'éducation auquel ils sont initiés.

1. Notice 80 81, p. 264
2. Notice 1881 , p. 118

En France, depuis plusieurs législatures, le Parlement se préoccupe d'améliorer la situation légale
des enfants moralement abandonnés, d'apporter
des limitations au droit de la puissance paternelle
et de créer des institutions qui assurent aux enfant
une protection efficace (1).

Dans les colonies pénitentiaires, la protection des
enfants est une nécessité d'autant plus impérieuse
que le milieu dans lequel ils grandissent est forcément corrupteur et malsain (2).

D'autre part, le succès de la colonisation pénale
dépendant non pas de la génération pénale actuelle
mais des suivantes « ce succès sera d'autant plus rapide et mieux établi que les enfants auront été mieux
préparés par leur éducation à une vie honnête et
morale » (notice 85, p. 44).

Enfin dans la métropole on peut avoir quelque
scrupule à limiter la puissance paternelle par voie
législative et par conséquent d'une façon trop absolue, puisque la puissance paternelle en développant
le sentiment de la responsabilité est un merveilleux

1. Rapport de M. Gerville Reache (séance du 26 mai 1884.
Journal officiel) au nom de la Commission chargée d'examiner le projet de loi ayant pour objet la protection des enfants
abandonnés, délaissés ou maltraités.
2. Il y a en calédonnie pour diriger les écoles 2 instituteurs,
2 institutrices, 3 frères maristes, 3 sœurs, en Guyane, 2
sœurs de St Joseph de Cluny (p. 100 109, notice 87).

ressort d'action et qu'il est dangereux d'imposer à un pays des lois qui par leur application tendent à diminuer l'initiative privée et l'effort individuel, mais dans les colonies pénitentiaires on peut quitter ce souci.

Non seulement l'école, mais l'internat, au moins pour les enfants nés d'unions entre condamnés, devrait être obligatoire.

Tous ces enfants devraient être dans une situation analogue à celle des enfants assistés, être placés sous la tutelle du directeur de l'administration pénitentiaire, de même que les enfants assistés sont placés sous celle du directeur de l'assistance publique.

En outre il existe dans la métropole des sociétés protectrices de l'enfance. L'administration pourrait stimuler la création de sociétés analogues qui fonctionneraient sous son contrôle et dont le principal but serait notamment de combattre par tous les moyens possibles, la grande mortalité des nouveaux-nés et d'assurer aux jeunes enfants les soins nécessaires jusqu'à ce qu'ils soient placés sous la tutelle immédiate du directeur.

D'après certains rapports médicaux la mortalité encore considérable dans les colonies est due non pas seulement à l'insalubrité du climat, ni à la mauvaise santé des parents, mais surtout à l'ignorance et à l'absence de soins.

Après avoir commencé son œuvre par la formation des mariages, l'administration devra la parachever en étendant sur les enfants sa bonté prévoyante. Il ne suffit pas de leur construire des Ecoles ou d'agrandir celles qui existent, il faut surtout leur donner les bienfaits de l'éducation, et, dans ce but, les soustraire tout d'abord à l'influence de leurs parents.

Si une meilleure hygiène morale et physique ne lui est pas assurée, la deuxième génération sur laquelle il est permis de fonder tant d'espérances ne manquera pas de les tromper radicalement.

En résumé, faciliter les mariages, n'y autoriser que les transportés ayant déjà quelques ressources et qui ont fait preuve de courage et de moralité ; les réunir autant que possible à la famille qu'ils ont laissée en France, puis limiter fortement les droits de la puissance paternelle pour donner aux enfants une instruction professionnelle et une éducation morale,

Tels sont les principaux moyens d'organiser la la famille dans les colonies pénitentiaires.

CHAPITRE V.

En encadrant ainsi les condamnés dans leur famille, l'administration leur créé une situation morale susceptible d'assurer leurs premiers pas vers la régénération définitive, mais leur premier élan n'aurait point chance de durer si la situation morale qui leur est faite n'était pas accompagnée par l'amélioration matérielle de leur sort; comme beaucoup d'honnêtes gens les transportés sont surtout sensibles à l'intérêt.

Aussi, dès qu'ils sont arrivés à monter en première classe et dès que commence pour eux la deuxième période de la peine, ils sont récompensés tout à la fois moralement et matériellement et sont aptes à vivre en famille et aussi à devenir propriétaires. Ils peuvent en effet obtenir une concession provisoire soit rurale soit urbaine ou s'engager chez les colons libres.

Etant encore en cours de peine ils peuvent donc

être élevés à la qualité de propriétaires (1). Certains écrivains voient dans cette règle la source de la plupart des défauts reprochés à la transportation, et le motif pour lequel les malfaiteurs, loin d'être intimidés par cette peine, la considèrent comme le couronnement de leur carrière.

D'après eux les libérés seuls auraient le droit de devenir propriétaires. A notre avis, un pareil système serait un moyen aussi sûr qu'illégal de ruiner la colonisation pénale.

D'abord si les condamnés ne pouvaient entrevoir la récompense que dans un avenir éloigné ils resteraient au pénitencier, assurés qu'ils sont d'y trouver chaque jour un souper et un gîte, jamais ils ne trouveraient l'énergie suffisante pour s'élever au travail volontaire et consciencieux qui seul peut les réhabiliter.

Puis, les libérés sont gens difficiles à gouverner et l'administration n'a plus sur eux une action aussi directe que sur des condamnés. Enfin l'art. 11 de la loi de 1854 est formel.

D'ailleurs dans le système actuellement suivi, la concession ne peut devenir définitive qu'après la libération. Tant que la peine dure, la concession est

1. Art. 2. Décret du 18 juin 1880.
Art. 11, 13, 14. Loi de 1854, décrets du 11 avril 1878 et du 10 janvier 1882.

provisoire et peut être révoquée ; le stage nécessaire
pour obtenir cette concession peut être prolongé
en raison de l'inconduite ou de la paresse du condamné (art 1 à 14, decret de 1880).

Par conséquent l'administration reste toujours
maîtresse de mesurer la durée de la période répressive d'après les efforts et la conduite du condamné.
Ainsi les auteurs du décret de 1880 ont résolu le difficile
problème de prolonger la répression contre les transportés réfractaires, sans que jamais la récompense
cesse d'être à la portée des hommes de bonne volonté et grâce à ce régime, tous les transportés dignes
de faveur, peuvent être retenus et attachés au sol
colonial par les liens de la famille et les profits de
la propriété, avant le moment où ils sont en droit de
le quitter.

A ce propos, une des fonctions les plus délicates
de l'administration consiste à choisir parmi ses sujets ceux que le mal n'a point complètement démo-
ralisés ni vaincus jusque dans le cœur. Elle doit
tenir compte de leurs différentes aptitudes, renvoyer
le forgeron à la forge et le menuisier à l'établi, ou
s'ils en ignorent, leur apprendre un métier.

Voici comment l'administration pourvoit à ce soin.

Les commandants de pénitenciers sont chargés
de donner des notes à chacun des condamnés qu'ils
ont sous leur direction. Pour établir ces notes, ils

consultent nécessairement les agents de culture et les surveillants militaires, mais en définitive c'est le commandant lui-même qui dirige l'enquête, rédige la note et conclut. Il examine quels sont ceux qui méritent d'être proposés comme concessionaires, et d'après leurs aptitudes, les propose soit comme concessionnaires ruraux soit comme concessionnaires urbains.

Quand la liste est arrêtée, il la transmet au directeur.

Les condamnés maintenus sur cette liste ont alors la qualité d'apprentis concessionnaires. Les apprentis ruraux commencent dans les fermes un véritable stage dont la durée est indéterminée mais dont le minimum est d'un an, au cours duquel ils apprennent leur métier d'agriculteurs sous la direction et les conseils d'agents de culture et d'un inspecteur de culture.

Les apprentis urbains font leur apprentissage dans les chantiers et ateliers pénitentiaires.

Le directeur arrête la liste définitive de tous ceux qui d'après le travail la moralité et les résultats obtenus lui semblent dignes d'être mis en concession.

Puis le gouverneur, en conseil privé, autorise la mise en concession.

L'administration fournit aux concessionnaire des vivres pendant 30 mois, (article 15 du décret du 16

janvier 1882) lui remet tous les instruments aratoires
qui sont nécessaires, et en cas de maladie, elle leur
assure le traitement gratuit à l'hôpital tant que dure
la période des 30 premiers mois. Pendant cette
même période le concessionnaire est tenu de
défricher le terrain qui lui est livré complètement
inculte et de s'y construire un domicile.

Le commandant du pénitencier dans l'arrondisse-
ment duquel est située la concession et le surveil-
lant chargé des concessionnaires dressent un état
des concessions. Tous les mois ils inscrivent les résultats obtenus par les concessionnaires, les travaux
exécutés, le nombre des animaux élevés, etc., et joi-
gnent à ce rapport des observations sur la moralité,
le travail, la situation matérielle et l'avenir des concessionnaires.

Si le concessionnaire continue à obtenir des notes
satisfaisantes, un an après l'expiration de sa peine
la concession lui est attribuée a titre définitif et
son droit de propriété est désormais réglé conformément au droit commun.

En droit, la concession provisoire ou définitive
consiste dans la remise faite à titre de faveur par le
gouverneur, d'une portion de terrain située soit
à l'intérieur soit en dehors d'une commune.

L'administration, en délivrant une concession,
conclut avec le transporté, un contrat qui implique,

non pas transfert de propriété, mais d'un droit analogue au droit d'usufruit, quoique beaucoup moins
étendu, avec réserve de la nue-propriété au profit de
l'État (art. 10, décret du 16 janvier 1882). Quant à
la mise en concession définitive, elle ne donne pas
lieu à un nouveau contrat, elle n'est qu'une transformation du titre de l'ayant cause, une véritable
consolidation qui se produit de plein droit à l'expiration du délai fixé par le décret, et dont l'effet est
de réunir sur la personne des concessionnaires la
double qualité d'usufruitier et de propriétaire, cette
règle résulte des termes mêmes de l'article 6 du décret de 1878. « Les concessions provisoires qui n'ont
pas été retirées par application de l'article 3 devien-
nent définitives.... des titres de propriété sont, à
l'expiration du délai de 5 ans, délivrés aux déten-
teurs ». Tels sont les principaux traits de l'organisation de la propriété dans les colonies pénitentiaires,
les conditions juridiques en ont été fixées avec une
très heureuse habileté, elles arment l'administration
d'un pouvoir très souple et très étendu, mais jamais
arbitraire. L'apprentissage, la mise en concession,
la consolidation définitive du droit de propriété, et
d'autre part, les déchéances, en un mot chaque progrès ou chaque recul fait par le transporté s'accomplit sous la surveillance et le contrôle de l'administration.

Mais quant aux conditions pratiques elles ne laissent point que de mériter quelques objections :

1° Les concessions sont purement gratuites; à notre avis c'est une première faute ; c'est le propre des hommes honnêtes ou vicieux de s'attacher d'autant plus aux objets qu'ils ont eu plus de peine à les acquérir. Si, pour entrer en concession le condamné devait verser entre les mains de l'administration, ne fût-ce qu'une faible partie du pécule amassé, le terrain représenterait à ses yeux le fruit de plusieurs années d'épargne et de travail, il aurait pour ce morceau de terre, l'attachement du propriétaire pour son bien. Les colons abandonnent plus aisément un terrain donné qu'un terrain payé de leur bourse, de même que la plupart des colons qui demandent à être rapatriés, se recrutent parmi ceux qui ont obtenu le passage gratuit. Les autres qui ont payé, s'obstinent justement à poursuivre la récompense de leurs efforts et de leurs dépenses. On objectera sans doute la nécessité pour les concessionnaires d'avoir une avance de fonds en prévision des premières difficultés de leur établissement agricole ou commercial, mais pendant 30 mois l'administration leur fournit des vivres, et s'ils sont mariés une indemnité pécuniaire.

2° En outre, dans le système actuel, les concessions portent sur des terrains incultes et nus.

Ainsi, construire une case, défricher un champ, le mettre en rapport, être tour à tour menuisier, architecte, agriculteur, telle est la tâche assumée par le concessionnaire. L'énergie d'un colon libre, stimulée cependant et exaspérée par la nécessité de gagner le pain de chaque jour y suffirait à peine, Le concessionnaire dont la pécule est bientôt tari, ne peut assurer son existence matérielle pendant le temps nécessaire pour défricher un terrain, y construire, semer et recueillir. Il goûte difficilement les avantages de la propriété, exposé qu'il y serait à mourir de faim si l'administration ne le nourrissait ; et l'administration se trouve ainsi par la force même des choses, amenée à outrepasser son rôle et exagérer ses charges. En termes juridiques, l'administration nue propriétaire prend l'obligation pendant trente mois de faire jouir l'usufruitier, mais la traduction en langage ordinaire de cette règle de droit est que l'administration joue à l'égard des condamnés le rôle d'une providence tutélaire à la bienveillance de laquelle ceux-ci ne se lassent pas de recourir.

Tel est le vice capital de cette organisation rendue ainsi onéreuse pour l'Etat, décourageante pour le condamné.

Il s'ensuit qu'un très grand nombre de concessionnaires s'installent tranquillement dans une concession, puis après s'être rapidement construit un

abri rudimentaire ils se carrent dans le repos et la
quiétude. Assurés de leur pain quotidien, ils simu-
lent le travail ou se laissent tranquillement proposer pour la dépossession.

« Ils égratignent un peu le sol, parce qu'il faut
simuler le mouvement puis quand les 30 premiers
mois sont finis ou près de l'être ils déclarent tout
à coup qu'ils ne sont pas nés pour l'agriculture, et
ils retournent au camp pour y reprendre leur place
(Leveillé, La France coloniale, p. 677) (1).

L'avis de dépossession va du commandant de pénitencier au directeur, du directeur au gouverneur,
du gouverneur au ministère de la marine, enfin après
avoir passé dans les bureaux du ministère il revient
au gouverneur et cependant le concessionnaire in-
génieux s'est procuré ainsi aux frais de l'Etat, des
vacances d'un an ou de 18 mois ; peu lui importe de
rentrer au pénitencier, il sait que la vie n'y est point

(1) M. Leveillé raconte à ce propos, la conversation qu'il
eut en Guyane avec un condamné « J'interpellais un jour
l'un de ces hommes qui couché sur une brouette, faisait une
sieste prolongée, je lui demandais pourquoi il se croisait les
bras. — Bah ! me répondit-il avec un sens profond de choses
et une claire intelligence des mystères du budget, pourquoi
m'épuiserais-je à cette heure, les paysans de France travaillent pour moi. »

« Ce philosophe à la brouette avait raison, conclut spi-
rituellement M. Leveillé, il avait compris qu'en somme il
était entretenu par les contribuables honnêtes ».

trop dure et que le régime n'est pas plus sévère
pour les condamnés qui arrivent au pénitencier que
pour ceux qui comme lui par inconduite ou paresse
ont mérité d'y être réintégrés.

L'administration est décidée désormais à réagir
contre de tels abus, en coupant les vivres dès le cinquième mois aux concessionnaires qui ne peuvent
justifier d'un travail sérieux (notice 1888 p. 51) ;
mais ne vaudrait-il pas mieux changer radicalement
de méthode, installer le concessionnaire sur un terrain préalablement défriché par les transportés des
dernières classes, et maintenant par les relégués ;
ne lui laisser de vivres que pour quelques jours, et
cesser de le protéger contre les rudes conséquences de la paresse ? Il y a des gens qui sortent de leur
inertie au moins quand la faim les pousse. Les concessionnaires pourraient sentir aussi ce suprême ai-
guillon.

Toutefois l'abandon des concessions ne provient
pas seulement des défectuosités du régime actuellement suivi : il est juste de reconnaître que très
souvent l'insuccès s'explique par les mauvaises
conditions économiques où se trouvent nos colonies
pénitentiaires notamment la cherté du fret, et l'absence d'institutions de crédit.

Les concessionnaires n'ont pas de capitaux : chaque fois que la récolte vient à manquer, ou qu'une

crise économique survient, les concessionnaires n'ayant ni avances ni crédit sont immédiatement réduits aux expédients. Or les sinistres sont fréquents en Nouvelle Calédonie et « les cultures y sont soumises à des aléas nombreux » (not. 1888, p. 94).

Aussi cette situation a donné à l'industrie de l'usure un merveilleux développement, si bien qu'à n'en pas douter, l'usure est aujourd'hui une des causes principales de l'insuccès des concessionnaires. Dès qu'une crise se produit, ils ont recours à l'usurier qui leur achète leurs marchandises à un taux dérisoire. (Denis p. 515 et s.) Ils signent des billets qu'ils renouvellent fréquemment, le taux légal étant de 12 0/0 les usuriers exigent jusqu'à 20 et 25 0/0 puis ils laissent leurs débiteurs travailler et se donner de la peine jusqu'à ce que la concession de provisoire devienne définitive. Aussitôt les usuriers se transforment en créanciers impitoyables, poursuivent, exproprient le concessionnaire et s'installent à sa place :

« Le concessionnaire redevenu misérable, gueux, ne tarde pas à retomber dans le cloaque d'où il avait fait les plus vaillants efforts pour sortir. » — (Denis, p. 515).

Ainsi ces usuriers rejettent au pénitencier, et condamnent à la récidive ,précisément les meilleurs ou les moins mauvais des transportés. Les gé-

néreux sacrifices de la société, le labeur du condamné, tant de courage et de peines aboutissent en
définitive à enrichir quelques gredins.

Or, si active et sévère que soit la répression exercée
par les Tribunaux elle ne peut avoir pour effet
d'empêcher l'usure ni même d'en contrarier le développement, lequel continuera nécessairement
tant que subsistera la situation économique actuelle.
On ne saurait même blâmer les concessionnaires,
qui n'ayant pas d'autre expédient, ont recours à l'u-
surier et s'obstinent à prolonger leur détresse plutôt
que de s'avouer vaincus et de quitter la partie.

Les concessionnaires se sont, il est vrai, constitués
en syndicat pour résister avec de plus grandes chances de succès (1).

Mais quand même les condamnés pousseraient
l'amour de l'épargne aussi loin que d'honnêtes
paysans français, leurs ressources centralisées ainsi
seraient encore trop exigues pour leur permettre
de supprimer l'intervention ruineuse des usuriers.
L'unique moyen serait de constituer dans les colonies pénitentiaires le crédit foncier. Comme toutes

1. Un décret en date du 4 janvier 1878 a créé en Calédonie une caisse d'épargne pénitentiaire ayant pour but de recevoir et faire fructifier les pécules et les dépôts volontaires
des condamnés et libérés. Cette caisse d'épargne sert un intérêt qui ne peut être inférieur à 3 0/0 et qui en pratique s'est
rarement élévé au-dessus de ce taux.

les banques coloniales, la banque de Nouméa est
autorisée par ses statuts à pratiquer le prêt sur récoltes (1). (Dislère. n°ˢ 1092 et s.). Il est vrai qu'actuellement en Calédonie comme en Guyane, il existe peu de grandes plantations, mais la banque pourrait au moins traiter avec les syndicats de concessionnaires et ses statuts pourraient être réglés de
façon à donner une sécurité suffisante à ce genre
d'opérations. C'est un fait observé par tous les éco-
nomistes que l'existence de moyens de crédit est une
condition essentielle de succès pour les Sociétés en
voie de formation comme sont aujourd'hui nos colonies pénitentiaire (Leroy Beaulieu, *de la colonisation des peuples modernes* p. 523 et s).

Enfin, un autre fait qui nuit encore au succès de
la colonisation pénale est le désaccord existant entre l'administration pénitentiaire et les gouvernements locaux des colonies, et grâce auquel l'enca-
drement des colons d'origine pénale par les colons
libérés ne peut jusqu'à présent s'opérer qu'au
moyen des familles rejoignant un parent condamné.
Les gouvernements locaux oublient volontiers les
avantages qu'ils tirent de la transportation pour

1. Loi du 30 avril 1749, 11 juillet 1851 ; décret du 25 novembre 1849, 22 décembre 1851, 17 novembre 1852, 24 juin
1874 ; Cour de Cassation, Sirey, 1858, 1, 373. Dislère, législation coloniale.

n'en voir que les inconvénients. Ils appellent à eux des commerçants, surtout dans l'espoir de faire échec à la colonisation pénale.

COLONISATION LIBRE.

Les entreprises de transport d'émigrants ont été l'objet de la sollicitude du gouvernement, laquelle s'est traduite comme d'usage par une série de lois ou de décrets (1).

Mais pour avoir été fréquemment et minutieusement réglementées, ces entreprises n'en sont pas plus florissantes, et les navires, jusqu'à présent, transportent plus de fonctionnaires que de colons. Cependant l'administration locale des colonies offre aux émigrants de sérieux avantages.

En Guyane, les terres du domaine sont cédées à vil prix, le plus souvent même, au lieu d'être payables en argent, elles le sont par l'accomplissement de certains travaux, dont le premier effet est naturellement d'augmenter la plus-value du terrain. L'administration locale va même quelquefois jus-

1. Lois du 19 juillet 1860; décrets des 15 janvier et 28 avril 1855; 9 et 15 mars 1861; 15 janvier 1868; 19 mars 1874; arrêté ministériel du 23 mars 1859.

qu'à payer ceux qui lui achètent des terrains (arrêté
du 5 décembre 1884) à donner aux colons travailleurs une prime de 100 francs, et s'ils sont mariés,
de 200 francs.

Sur 38,000 hectares distribués, 30,000 l'ont été
gratuitement.

Malheureusement, la plus grande partie de ces
concessions n'est pas cultivée, et les nouveaux colons sont obligés d'aller chercher leur concession au
loin, dans l'intérieur des terres, tandis qu'aux en-
virons de Cayenne, d'excellentes terres restent en
friche.

En outre, les colons, séduits par le mirage des
fortunes gagnées dans les mines d'or, vont travailler
dans les placers, et pour ce travail malsain qui a
tué beaucoup plus de travailleurs qu'il n'en a enrichi, désertent les travaux de l'agriculture.

En Calédonie, l'administration locale fut longtemps trop généreuse et donna sans compter, si
bien qu'aujourd'hui « de magnifiques plaines de
terres à culture sont immobilisées sans profit aucun
ni pour le propriétaire, ni pour la colonie, et servent exclusivement de pâturages. » (De Lanessan,
op. cit.). Maintenant on s'efforce d'y constituer la
petite propriété. Les concessions offertes comprennent, si elles sont urbaines, un lot de 20 ares ; si
elles sont agricoles, 4 hectares de terre à cul-

turé et 20 hectares de prairies. Après quatre ans,
si le concessionnaire est marié, six ans s'il est célibataire, l'immigrant, à condition d'avoir exploité
et clôturé le terrain, en a la pleine et entière propriété. Les marins et soldats congédiés qui consentent à accepter une concession, ont même droit à
une prime de 250 francs. Parmi les 3,000 colons
libres de la Nouvelle-Calédonie, on compte environ
cinq ou six cents anciens soldats et marins.

Une association fructueuse pourrait par conséquent, dès maintenant, s'établir entre le travail
libre et le travail forcé, mais à condition toutefois
qu'un parfait accord existe entre l'administration
pénitentiaire et les gouvernements locaux; malheureusement les administrations locales des colonies
se plaignent amèrement de la transportation. Dans
l'espérance de la rendre impraticable au moins en
Calédonie, elles avaient empiété sur les biens
domaniaux de l'Etat, et distribué aux colons
libres les terrains dont l'Etat entendait se servir
pour les besoins de la transportation. Actuellement, dans toutes les colonies françaises, les au-
torités locales ont classé dans le domaine colonial
les biens du domaine de l'Etat. Elles ont consommé
cette expropriation, beaucoup grâce à l'indifférence
de l'administration métropolitaine et un peu à la
faveur d'un argument d'apparence juridique qu'elles

ont découvert dans une ordonnance de 1825 (art. 3, ord. 17 août 1825).

C'est seulement en Guyane et en Calédonie que l'Etat, dans l'intérêt du service de la transportation, a sauvegardé en partie ses droits contre cet envahissement.

En Calédonie, les droits de l'Etat sont plus nets que dans toutes les autres colonies, étant encore de date récente. Par une déclaration en date du 20 janvier 1855, le gouverneur, au nom du gouvernement impérial, stipulait que l'Etat se réservait exclusivement:

1° Le droit d'acheter les terres occupées par les indigènes ; 2° la propriété de toutes celles non occupées par les indigènes.

Mais plusieurs arrêtés pris par d'autres gouverneurs répartirent le territoire entre le domaine public, celui de l'Etat et celui de la colonie, puis supprimèrent purement et simplement le domaine de l'Etat, et l'administration locale en distribua les terrains aux colons libres avec une telle ardeur qu'elle fit entendre qu'il n'y aurait bientôt plus de terrains suffisants pour la mise en concession des condamnés.

Alors l'administration métropolitaine s'émut et par un décret rendu le 16 août 1884, réserva au domaine pénitentiaire une étendue de 110,000 hectares, comme minimum suffisant aux besoins actuels et dans l'art. 2 de ce décret confirma le droit de propriété de l'Etat sur les terres actuellement occupées et qui deviendraient libres et vacantes. Un décret du 5 décembre 1882 réserva au domaine pénitentiaire en Guyane 146,000 hectares.

Les droits acquis des colons sont ainsi respectés, mais il est évident que le droit de propriété de l'Etat n'a pu être amoindri légalement par les arrêtés des gouverneurs. « Les domaines nationaux et les droits qui en dépendent sont et demeurent inaliénables sans le consentement et le concours de la nation ». (art.8, loi 22 novembre 1er décembre 1790).

Cette affirmation des droits de l'Etat était d'autant plus utile qu'en dernière analyse, malgré certaines défectuosités et les immenses difficultés de l'entreprise, les résultats des mises en concessions peuvent être réputés satisfaisants. En 1884, sur 1541 concessionnaires, 834 exonéraient l'Etat de tous frais de nourriture et d'entretien. Il suffirait maintenant de quelques modifications principalement d'ordre économique, pour assurer plus rapidemnt le développement de la propriété foncière.

Nous avons vu comment la famille et la propriété étaient constituées au profit des condamnés que l'administration jugeait dignes d'être soustraits provisoirement à l'application de la peine des travaux forcés. Nous n'avons plus qu'à examiner la

situation légale qui leur est faite ; situation intermédiaire entre celle du condamné en cours de peine
et celle du libéré.

CHAPITRE VI.

SITUATION LÉGALE DES TRANSPORTÉS ET DES LIBÉRÉS.

La dégradation civique, l'interdiction légale, l'incapacité de disposer et de recevoir entraînent un ensemble complet de déchéances et d'incapacités auxquelles les transportés sont d'abord tous soumis, mais par mesures administratives, certaines incapacités peuvent être restreintes de façon à ce que leur situation légale puisse s'ajuster à leur situation matérielle de concessionnaires, (art 4, loi 31 mai 1854; art. 12, 13 et 14, loi 30 mai 1854). (1)

Les remises des droits civils ainsi faites, ne constituent nullement une grâce partielle, ce sont simplement des faveurs administratives accordées par le ministre de la marine, comme représentant et membre du gouvernement; afin que le condamné puisse déployer librement son activité dans la société nouvelle où il a été transporté (art 12, loi 30 mai 1844; art. 11, décret de 1878).

1. Quant à la surveillance de la haute police elle a été supprimée par l'art. 19 de la loi de 1885 et remplacée par l'interdiction de séjour, dont l'exécution en fait est très adoucie dans les colonies depuis le décret du 18 décembre 1885.

Ce nouvel adoucissement au sort des transportés est facile à justifier :

Toutes les déchéances et incapacités, accessoires de la peine principale, forment par leur ensemble une lourde chaîne dont le poids pèse surtout, sur ceux en qui subsiste encore le sentiment de la dignité individuelle en définitive sur les moins corrompus d'entre les condamnés. En général les transportés sont gens peu accessibles à la flétrissure morale des condamnations afflictives et infamantes et ne connaissent point les inquiétudes du remords, mais les moins mauvais d'entre eux ne peuvent être insensibles à un régime qui a pour effet de les amoindrir, de les ramener pour ainsi dire à l'état d'enfance et d'assujettir leurs moindres actes à une continuelle sujétion. En se prolongeant trop longtemps un pareil régime aurait pour conséquence de leur enlever toute habitude d'initiative et de ne plus laisser subsister chez eux que la force d'inertie. De même que la discipline militaire, chez les nations où elle a été exagérée, transforme les soldats en instruments passifs, ce régime, s'il n'était permis d'en élargir sagement l'étreinte, achèverait de démoraliser des hommes à qui il faut une somme considérable d'énergie et un ressort merveilleux pour s'arracher au mal et se métamorphoser en colons honnêtes, propriétaires et pères de familles, selon le vœu de la loi.

Il convient d'ailleurs d'observer que ces faveurs

administratives ne sont qu'une conséquence du mode d'exécution de la peine.

Après avoir autorisé les condamnés à devenir propriétaires, il fallait, sous peine de retirer d'une main ce qu'on donnait de l'autre, leur faciliter les moyens de tirer parti de cette situation.

Enfin, comme on l'a très justement observé, il est dangereux que le condamné passe brusquement de la servitude à la liberté.

Quand la tutelle de l'administration cesse subitement, et que du jour au lendemain un homme reprend la plénitude de droits dont il a été privé pendant longtemps, il est tenté d'en abuser.

L'avantage de toutes ces faveurs administratives, est de modifier sans secousses, par une série de transitions, la situation du condamné, et de l'amener sans péril à l'instant de la libération.

DES LIBÉRÉS.

Le législateur de 1854 s'est peu préoccupé des libérés : il les a divisés en deux classes. Les uns, ceux qui ont été condamnés à moins de 8 ans de travaux forcés, sont tenus de résider dans la colonie pendant un temps égal à la durée de leur condamnation. C'est ce qu'on appelle élégamment « le doublage ». Les autres, qui ont été condamnés à plus

de 8 ans, sont tenus d'y résider pendant toute leur
vie.

Même en cas de grâce, le libéré ne peut être dis-
pensé de l'obligation de la résidence que par une
disposition spéciale des lettres de grâce (article 6),
et s'il tente de se soustraire à cette obligation, il est
justiciable des conseils de guerre (article 10).

S'il se conduit bien, il pourra obtenir une concession provisoire ou définitive (article 13) et même
obtenir dans la colonie, l'exercice de quelques-uns
des droits publics dont il est privé par la dégradation civique (article 12).

Mais sur les moyens de concilier la sécurité publique avec la liberté des libérés, et d'armer d'une
façon spéciale l'administration contre les libérés,
qui sans commettre de délit caractérisé, mènent
dans les colonies une vie errante et refusent de travailler, la loi de 1854 est muette.

La seule disposition à l'égard des libérés qui dans
la loi de 1854 mérite d'être relevée, est celle qui astreint les libérés à la résidence soit temporaire, soit
perpétuelle, et qui compense ainsi en quantité ce
que la peine des travaux forcés a perdu en sévérité.
Bien que cette disposition ait été votée sans discussion, le motif qui l'inspira n'est pas douteux. Elle
avait pour but d'affaiblir et de détruire chez les libérés l'esprit de retour subversif de la colonisation.

Le législateur de 1854 faisait une expérience. Il pouvait espérer que les meilleurs colons se recruteraient parmi les libérés, « colons d'autant plus utiles qu'ils auraient mieux expié leur peine » (exposé des motifs) et que pendant le temps de la résidence forcée ils se résigneraient à l'expatriation et consentiraient à accepter les offres et les concessions d'une administration bienveillante, plutôt que de vivre au jour le jour en attendant l'heure encore lointaine du départ.

Il est désormais malheureusement prouvé, que, si longue que soit l'attente, le libéré astreint à résidence temporaire ne se résigne jamais à l'exil. Ses yeux ne quittent pas le point où il pourra s'embarquer, mais l'esprit de retour, tout puissant contre l'idée de la colonisation, ne suffit pas à décider les libérés à se mettre au travail ; et le plus souvent, quand le doublage est terminé, ils n'ont pas les moyens de payer leur passage.

Or, le département de la marine ne consent avec raison à rapatrier gratuitement que ceux qui ont fait preuve de travail et de bonne conduite.

Il est inadmissible que les honnêtes gens paient et que l'administration se mette en frais pour ramener en France des libérés qui seraient voués à la récidive d'autant plus sûrement qu'ayant dans la colonie les conditions les plus favorables de salut, ils n'ont point su en profiter.

Assurément, il est regrettable que la loi de 1854 n'ait pas été modifiée de façon à permettre à l'administration de ne transporter que les individus condamnés à plus de 8 ans, mais tant que cette modification n'aura pas été introduite dans notre législation, les colonies, malgré leurs protestations, devront garder les résidents temporaires. Ces protestations sont d'ailleurs très fondées, car les résidents temporaires fournissent les plus gros bataillons à l'armée des libérés dont la présence aux colonies constitue actuellement un véritable danger public.

Les libérés sont le fléau des colonies pénitentiaires.

« La plus grande partie des libérés est réfractaire à toute idée de colonisation. Sur 1186 libérés présents en Guyane en 1884, 142 seulement sont concessionnaires. Ils refusent des engagements à raison de 2 fr. 50 par jour, sous prétexte qu'au pénitencier ils sont nourris, logés et habillés sans être astreints à un travail trop pénible. »

En Calédonie, où les libérés sont près de 3,000, la situation n'est pas meilleure.

« La main-d'œuvre du libéré n'est pas recherchée, ces individus demandent des salaires trop élevés et sont peu stables, ils préfèrent parcourir le pays dans tous les sens, travailler à leurs heures, aux

1. Not. 1887, 38.

mines ou chez les colons, sans vouloir se fixer nulle part. » (1) Il n'est pas invraisemblable de supposer qu'enhardis par leur nombre, ils chercheront un jour, par un coup de main, à se rendre maîtres de l'île, comme un équipage mutiné.

Isolément, cependant, ces libérés ne sont pas dangereux. Les voyageurs qui ont été en Calédonie ou en Guyane sont unanimes à reconnaître qu'on voyage et réside au milieu d'eux en parfaite sécurité.

Les statistiques constatent que les crimes contre les personnes sont rares (notice 87, p. 49). Les condamnés les plus dangereux n'étant rendus à la liberté qu'après 15 ou 20 ans de travaux forcés, sont fatigués et presque inoffensifs.

Atteints de paresse invétérée ou d'ivrognerie chronique, habiles à exploiter l'administration, ayant perdu jusqu'à l'énergie du mal, les libérés n'ont en général qu'un souci, vivre sans travailler. Ils végètent ainsi au jour le jour, jusqu'à ce que, vieillis et infirmes, ils retombent complètement à la charge de l'administration qui ne peut pas les laisser périr de faim, et devenus pensionnaires inoffensifs de la société dont ils ont été les pires ennemis, terminent paisiblement leur vie à l'hôpital.

Aussi bien ce n'est pas contre l'infime minorité des libérés qui retournent au crime que l'adminis-

1. Not. 1887. p. 49,

tration est désarmée, c'est seulement contre l'immense troupeau de ceux qui vagabondent dans la
colonie sans y travailler. Il est d'autant plus difficile,
de réprimer ce genre d'existence que la plupart ne
sont pas à proprement parler en état de vagabon-
ge. Ils travaillent à leurs heures et vivent de régime. « Je reconnais, écrit le ministre de la marine
que l'administration est désarmée vis-à-vis des libérés » (not. 1885, p. 298).

L'administration était d'autant plus complètement désarmée, qu'en vertu des articles 1 et 2 du
décret du 29 août 1855 (notice 1877, p. 253), les libérés astreints à la résidence étaient justiciables des
tribunaux militaires.

Or d'après l'article 1, de la loi du 27 mai 1885 la
relégation ne peut être prononcée que par les cours
et tribunaux ordinaires, à l'exclusion de toutes juridictions spéciales et exceptionnelles.

Il résultait de la combinaison de ces textes que
les libérés réfractaires, plus heureux que les récidivistes en France, pouvaient commettre un nombre
illimité de petits délits, sans aggraver leur situation.

Le décret du 13 janvier 1888, qui a enfin réglementé d'une façon générale le régime disciplinaire
des libérés tenus à la résidence forcée, a supprimé
cette anomalie, en rendant aux tribunaux de droit
commun la connaissance des crimes et délits commis pas ces libérés. (article 6, 13 janvier 1888).

L'administration est en effet décidée maintenant à réprimer énergiquement les écarts des libérés incorrigibles. Toutefois à leur égard, comme à celui de leurs confrères de France, les mesures préventives seront plus efficace que la répression.

Actuellement donc le problème à l'ordre du jour de l'administration pénitentiaire est de déterminer les moyens de résoudre ce que les colonies appellent « la question de la libération ».

Le premier point pour prévenir et combattre la récidive des libérés, est de les attacher à la concession obtenue pendant l'application de leur peine, assez fortement pour qu'ils s'y maintiennent, même quand ils sont libres de la quitter.

Or, comme nous l'avons vu, le principal motif au fond pour lequel tant de concessionnaires, le jour de leur libération, abandonnent leur concession, est l'impossibilité matérielle où ils sont de l'exploiter, ou s'ils l'exploitent, d'en retirer et d'en garder pour eux les profits.

On peut poser en règle générale, que tous les concessionnaires, quand arrive leur libération, sont considérablement endettés. Ils ne s'aperçoivent de leur liberté et de leur retour au droit commun que parce qu'ils sont immédiatement exposés à la faillite, aux saisies, aux expropriations. Comment s'étonnerait-on qu'ils se hâtent de fuir devant les huis-

siers et les créanciers, et de quitter une terre où le
travail n'a été pour eux qu'une continuelle décep-
tion !

Les concessionnaires ne travailleront avec énergie que quand ils seront assurés de pouvoir conserver le légitime fruit de leurs peines. C'est une évidente vérité, dont le décret de 1878 a entendu tenir compte en décidant que les créances antérieures
à la concession, ne donneraient pas de droit sur la
concession (art. 13).

Le plaisir de payer ses dettes et de s'enrichir
d'honneur n'est pas au bagne un stimulant suffisant,
mais les poursuites des créanciers antérieurs sont
rares, et c'est principalement contre les créanciers
postérieurs, le plus souvent des usuriers, qu'il eût
été nécessaire de protéger le travail et les intérêts de
concessionnaires.

On peut d'autant plus espérer de ces réformes,
que le jour où elles auront été opérées, l'administration sera en droit de se montrer plus difficile qu'elle
ne l'est actuellement sur le recrutement des concessionnaires (notice 1887, p. 322.) Elle pourra même
exiger, en surplus des conditions administratives,
que tout transporté, pour être concessionnaire, justifie
avoir déjà quelques ressources pécuniaires ou justifie au moins, quand la concession devient définitive, qu'il n'est pas endetté ou que son passif ne
dépasse pas son actif.

D'autre part, quand les libérés n'ont pas les aptitudes suffisantes pour être concessionnaires urbains ou ruraux, ils peuvent s'engager chez les habitants, et l'administration fait les plus louables efforts pour leur procurer du travail. Une commission permanente dite de patronage des libérés a été constuée par un arrêté du 28 décembre 1877, mais afin d'assurer l'exercice de son droit de surveillance, l'administration a tellement multiplié les formalités et les précautions que sa tutelle doit encore être plus gênante qu'efficace pour les libérés comme pour les engagistes.

Les colons libres et les fonctionnaires usent le moins possible de la main-d'œuvre des libérés. De préférence ils se servent des condamnés en cours de peine, des Néo-Hébridais, ou même des Canaques.

Leur répugnance pour la main-d'œuvre des libérés provient non seulement des entraves administratives, mais aussi de ce que cette main-d'œuvre est trop chère. Les libérés ont en effet des prétentions très élevées, parce qu'ils savent qu'au pénitencier, où ils sont toujours libres de rentrer impunément, ils seront nourris, logés, et obtiendront même des gratifications au prix d'un travail léger et nullement fatigant.

Cet état de choses durera tant que la réintégration au camp ne sera pas considérée comme une

déchéance et une véritable peine. Il importe, en
effet, pour résoudre le problème de la libération, de
combiner les mesures préventives et les réformes
économiques dont nous avons parlé, avec des mesures répressives beaucoup plus énergiques que
celles dont on a usé jusqu'ici.

A ce propos, il convient de louer sans restriction
le décret du 13 janvier 1888. Il a remis aux mains
de l'administration une arme à double tranchant,
grâce à laquelle elle peut concentrer toutes ses ressources et sa bienveillance sur les libérés réellement amendés (art. 3), et en même temps punir
fortement les vagabondages et excès des incorrigibles, contre lesquels elle demeurait désarmée tant
qu'ils n'avaient point commis un nouveau fait de
grande criminalité (art 6).

Les libérés incorrigibles ne tarderont pas à perdre le bénéfice de leur libération pour retomber
sous le coup d'une condamnation perpétuelle.

Ils sont, désormais, en vertu de l'art. 6 du décret de janvier 1888, justiciables des tribunaux de
droit commun, soumis par conséquent au même
régime que les récidivistes de la métropole, c'est-
à-dire qu'après un certain nombre de condamnations, ils seront relégués à perpétuité.

Ils se trouveront donc ramenés au camp et dans
la même situation que le jour de leur arrivée en

Guyane ou en Calédonie, et l'administration aura
sur eux les droits les plus étendus. Elle est donc
armée désormais suffisamment contre eux, mais il
importe qu'elle use de cette situation avec la plus
rigoureuse fermeté, car les ramener simplement
au camp, les soumettre au même régime que
des transportés fraîchement débarqués, ce serait
recommencer une deuxième expérience dans des
conditions identiques à la première, et puisque
celle-ci a échoué, ce serait proprement perdre son
temps.

Ces incorrigibles devront donc être versés dans une
classe spéciale ou dans des sections spéciales, et
employés aux plus durs des travaux. Ni la patience
ni la bonté n'ont réussi près d'eux, ils sont rebelles
à tout sentiment d'honneur, et même à celui de l'intérêt. on ne peut les prendre que par la famine.

L'administration devra leur fournir une stricte
alimentation, de quoi seulement les empêcher de
mourir de faim, n'améliorer ce maigre ordinaire que
s'ils ont travaillé, ne leur donner ni salaire ni gra-
tification.

On objectera peut-être que de telles mesures sont
trop rigoureuses.

Après tout, étant libérés, ils peuvent, non pas
au même titre, mais avec non moins de raison que
les déportés politiques, prétendre au droit de ne pas

8

travailler, protester contre les moyens employés pour les forcer au travail.

Il est inadmissible toutefois que les libérés qui refusent de travailler et par conséquent encourent nécessairement à bref délai, un certain nombre de condamnations pour vol simple, fut-ce même simplement pour vagabondage et rupture de ban conservent leur droit à la liberté, et puissent, en passant tour à tour du pénitencier à la Brousse, et de la Brousse au pénitencier, attendre jusqu'au moment où l'administration touchée de leurs infirmités ou de leur vieillesse, leur ouvrira un dernier asile, où ils pourront mourir en paix, entretenus et soignés jusqu'au dernier moment, aux frais de cette société dont ils ont été les adversaires irréconciliables.

Au fond, les atténuations à la peine, les concessions, les facilités de mariage ou de réunion à la famille, l'obligation de la résidence, toutes les mesures qui règlent aujourd'hui l'exécution de la peine des travaux forcés dans les colonies, se justifient par la recherche d'un double but : d'abord l'amendement des malfaiteurs, ensuite la colonisation ; or, quand il est avéré que ni l'un ni l'autre de ces buts n'est atteint, et que les espérances de la société sont complètement déjouées, une méthode toute différente s'impose et un seul intérêt subsiste qui est celui de la répression. Dans l'intérêt de la sécurité des colonies comme dans celui de la colonisation pénale, il faut que les colonies soient débarassées et purgées de la foule errante des libérés récidivistes.

C'est la condition hors laquelle il n'y a point pour l'administration de salut.

On peut encore objecter que, théoriquement au moins, il est bizarre de reléguer des transportés.

Au point de vue législatif, rien n'est plus incohérent que cette disposition en vertu de laquelle la transportation, supérieure dans l'échelle des peines à la relégation, est en quelque sorte complétée et sanctionnée par une peine inférieure.

Mais en fait rien n'est plus normal, puisque la relégation, telle qu'elle est actuellement pratiquée, est une peine plus répressive que la transportation, et dirigée contre tous les malfaiteurs quels qu'ils soient, reconnus incorrigibles. En outre, étant toujours perpétuelle, cette peine aura l'avantage de maintenir constamment les libérés déchus, sous le pouvoir de l'administration ; et comme cependant les condamnés à la relégation à titre collectif, peuvent obtenir en passant dans la classe des relégués individuels, une sorte de libération conditionnelle, toute chance de regénération, si improbable qu'elle soit, n'est pas interdite au condamné.

Le décret de 1888 ne s'est pas borné à organiser ainsi la répression contre les libérés incorrigibles.

Dans l'intérêt de ceux qui sont réellement amendés, ce décret a supprimé la plus grande partie des précautions et des entraves administratives imposées aux libérés par les décrets de 1878 et de 1881. Si les libérés sont réellement amendés, ces précautions sont inutiles et gênantes aussi bien pour eux que pour les colons libres désireux de les employer.

S'ils ne sont pas amendés, elles sont insuffisantes. Aussi, d'après l'art 1er de ce décret, les libérés astreints à la résidence sont tenus seulement de répondre à deux appels annuels.

Le gouverneur peut même, par une décision individuelle, toujours révocable, exempter de l'obligation de l'appel « les libérés suffisamment connus et offrant des garanties » (art. 3).

Quant à l'interdiction de séjour qui a remplacé la peine de la surveillance de la haute police, supprimée par la loi de 1885, elle se réduit en fait à l'interdiction de résider dans la commune de Nouméa et dans quelques centres limitativement énumérés par l'art. 2 du décret du 18 décembre 1885.

En outre l'interdiction de séjour peut être suspendue par le gouverneur « après un temps d'épreuve qui ne devra jamais être inférieur à la moitié de la durée totale de cette interdiction » (art. 13, 18 décembre 1885).

A la faveur de toutes ces mesures, une opposition complète se produira entre les mauvais et les bons libérés. Ces derniers, véritablement libres, jouissant enfin du droit commun, soutenus et encouragés par l'administration, inspirant confiance par leur qualité même de libérés, pourront espérer prendre rang parmi la population libre et y réussiront peut-être.

« Ce qui fait surtout aujourd'hui que presque aucun libéré n'arrive à la réhabilitation (Moncelon p. 165) ni même à se faire une situation qui lui permette de vivre avec ses propres ressources, ce sont les mille entraves réglementaires, qui sous prétexte de sécurité publique, maintiennent à perpétuité à l'égard de ces malheureux, l'état de défiance et de répulsion où ils se trouvaient fatalement sous la livrée même du bagne. »

Ce premier obstacle au reclassement définitif des libérés sera désormais écarté, mais il en subsiste un autre plus grave dans les mœurs et l'opinion publique. Il est plus difficile d'être réhabilité par l'opinion publique que par la loi. A cause de la fatale promiscuité du pénitencier, et du genre d'existence que la plupart mènent actuellement, tous les libérés sont aux colonies un objet de crainte et de réprobation. Là, comme dans le métropole, une infranchissable ligne de démarcation s'est creusée entre le colon libre et celui que la loi a flétri. Il suffit qu'un

libéré arrive à être réhabilité pour que les colons libres dont il est le fournisseur, l'abandonnent afin de
n'être pas exposés à lui serrer la main. Aussi tous
les libérés qui ont conservé quelque sentiment de dignité se hâtent dès qu'ils ont amassé le prix du passage, de s'embarquer et de quitter cette terre où
les rangs des honnêtes gens se ferment impitoya-
blement devant eux, pour gagner quelque pays,

« Où d'êtres hommes d'honneur, ils aient la liberté »,
la libération se trouve ainsi décapitée de ses meilleurs sujets.

De pareilles mœurs ne se seraient pas formées
ou pourraient se modifier si la promiscuité dispa-
raissait du bagne. Le sous-officier qui dans une
minute d'égarement dérobe quelques francs à la
caisse de son régiment, l'homme qui tue par jalousie, par passion, sont des criminels à qui l'on peut
ne pas retirer toute estime.

Qu'on les préserve au bagne de tout contact avec
les malfaiteurs vulgaires, qu'on les habille même
d'un costume spécial au risque d'introduire une
inégalité apparente dans le bagne, ils cesseront
d'être enveloppés par les colons libres dans une
commune répulsion. La fusion entre les libérés et
les honnêtes gens se ferait ainsi plus rapidement,
et n'étant plus découragés par l'inflexible sévérité
de l'opinion publique, les moins mauvais des libé-

rés resteraient dans la colonie et lui maintien-
draient le concours de leur forces et de leurs travaux.

Par l'application de la nouvelle méthode consistant en résumé à ne maintenir en état de libération
que des individus réellement amendés et d'autre
part à rapprocher ceux-ci le plus vite possible du
droit commun et de la réhabilitation, la suspicion
dans laquelle tous les libérés sont tenus aujourd'hui
pourra s'affaiblir et cesser. Lorsque ce premier
point aura été gagné, on pourra leur rendre vite
l'exercice de certains droits publics, les grouper dans
des centres où ils pourront être rejoints et encadrés
par des colons libres, et dans lesquels on pourra
utilement organiser la vie publique locale.

Malgré la situation actuelle de la libération, l'administration a tenté quelques excès de ce genre,
notamment à Bourail, dans la Calédonie, et au Maroni
dans la Guyane (not. 1887 p. 78).

Actuellement au Maroni comme à Bourail, concessionnaires et libérés en cours de peine vivent
côte à côte. Il y avait même autrefois à Bourail des
condamnés des dernières classes. Ils ont été réintégrés
dans un pénitencier situé loin du centre principal.
En outre, les transportés ne sont installés sur les
concessions encore libres à Bourail « que s'ils n'ont
pas plus de dix ans de peine à subir, afin que vers
l'année 1895, il n'y ait plus à Bourail un seul con-

damné en cours de peine. D'ici à cette époque, la transportation abandonnera peu à peu ses établissements, et l'élément libre viendra sans aucun doute, grossir la population qui s'y trouvera groupée ». (1)

Mais cet espoir demeurera une illusion, et Bourail ne pourra devenir une commune libre, et un point de jonction entre les libérés et les honnêtes gens, tant que la libération n'ara pas subi la profonde réforme dont nous avons parlé.

La vérité est qu'aujourd'hui le village de Bourail est un repaire, un immonde foyer de corruption. Il y a peu de femmes, les ménages y vivent dans une répugnante promiscuité où la corruption n'attend pas le nombre des années. Les libérés y vivent aux dépens les uns des autres. Tout libéré sortant du pénitencier ayant quelque argent en poche, mange et boit son pécule avec les camarades puis s'unit ensuite avec eux contre tout nouvel arrivant. Ils pratiquent ainsi avec rigueur les devoirs de l'assistance mutuelle, et comme on se blase sur toutes les horreurs, certains faits qui en Europe soulèveraient l'indignation, passent inaperçus dans l'universelle corruption. On conçoit que les colons libres s'aventurent peu dans un semblable milieu, sauf quelques-uns plus fortement trempés, demi marchands de vin,

1. Not. 1887.

demi usuriers qui s'enrichissent aux dépens de l'ivrognerie et des vices des libérés.

Au Maroni, la même expérience qu'à Bourail,
ayant été tentée plus tôt, les libérés y sont actuellement déjà plus nombreux que les concessionnaires.

Le Maroni a été constitué en commune par un décret du 16 mars 1880 (notice 1884 p.8). « C'est une
commune administrative, dit M. Leveillé (*France coloniale*, p. 674), qui n'a pas d'électeurs, et dont les
conseillers municipaux sont des fonctionnaires qui
la régissent par le droit du galon ».

On peut d'ailleurs juger aisément du régime de
liberté communale dont jouissent les habitants de
cette commune par cette phrase d'une notice : (notice 1887, p. 78).

La liberté communale leur a été accordée « *sous
la surveillance de la gendarmerie* et la juridiction d'un
juge de paix à compétence étendue ».

Toutefois l'art. 15 de la décision du 23 juin 1880
dispose que le directeur de l'administration pénitentiaire pourra autoriser la commission municipale,
laquelle est composée exclusivement de fonctionnaires et d'officiers nommés par le gouvernement, à
soumettre certaines question d'intérêt communal à
l'avis des principaux notables de la commune.

Mais ces délibérations des notables ne doivent pas
dépasser deux jours au maximum.

Il faut en outre qu'elles soient demandées par la commission municipale et autorisées par le directeur de l'administration.

Assurément, on conçoit qu'à cause du caractère tout particulier de ses habitants la commune du Maroni ne jouisse même pas du petit nombre des libertés et franchises des communes ordinaires, mais pourquoi cependant n'enlèverait-on pas à la commission pour la confier aux notables, la gestion de certains intérêts locaux d'ordre secondaire?

Pourquoi les libérés ne pourraient-ils pas aspirer à prendre part aux affaires publiques locales ?

Le rêve de tout bon anglais disait M. Michaux est d'être juré, le rêve de tout bon français est de devenir fonctionnaire.

La moindre participation aux affaires publiques, l'espoir d'y arriver serait un excellent moyen de raffermir et d'honorer les libérés réhabilités.

Les libérés peuvent être experts, jurés et décider ainsi du sort de leurs semblables, ils peuvent être tuteurs, chargés de l'instruction et de l'éducation des mineurs (art. 12, l. 31 mai 1854) d'autre part ils peuvent être chefs de maison, occuper des ouvriers, des apprentis. Ils sont aptes à exercer ainsi différentes magistratures et cependant ils resteraient étrangers aux intérêts locaux qui les touchent de plus près.

Dès que l'application des nouveaux règlements aura considérablement éclairci les rangs des libérés et opéré parmi eux une sélection sévère, la vie publique locale devra être organisée sur des bases plus larges et plus libérales qu'elle ne l'est aujourd'hui.

Le jour où la réforme de la libération aura été accomplie, l'administration pourra en effet accorder à la commune du Maroni, comme aux centres de même origine, une liberté plus grande où la surveillance de la gendarmerie aura un moindre rôle.

Jusqu'à présent, d'ailleurs, les libérés ont sagement usé des droits publics dont l'exercice leur a été conféré.

Les concessionnaires du Bourail se sont constitués en syndicat (Notice 1887, p. 78, 381) afin de faciliter l'écoulement de leurs récoltes et de se soustraire à l'action des usuriers.

Cette association a été encouragée par l'administration; elle peut avoir pour conséquence de développer l'initiative des condamnés et de réduire, dans un temps donné, les charges de la mère-patrie (Notice 1888, p. 53 et s.).

Un deuxième syndicat est en voie de formation au centre de Pouembout. En outre, quand l'administration eut l'heureuse idée d'organiser des comices agricoles, pour s'assurer des résultats obtenus, elle voulut que les concessionnaires fussent jugés

par leurs pairs et pour la formation du jury elle
conféra aux concessionnaires libérés ou en cours de
peine l'électorat et l'éligibilité (art. 2 et 3, décision
du 5 septembre 1870. Notice 1874, p. 188).

Le plus souvent, le deuxième jury, composé de
colons libres, n'a fait que ratifier les décisions du
premier jury (Notice 1880, p. 123).

Telles sont les premières manifestations de la vie
publique locale dans les colonies pénitentiaires, es-
sais timides comme sont tous les premiers pas faits
avec hésitation dans une voie nouvelle ; mais ils ont
réussi et achèvent de démontrer que le principe
dominant de toute colonisation pénale consiste dans
cette double règle :

Une répression impitoyable contre tous ceux dont
l'expiation ne peut vaincre la perversité ni déterminer l'amendement.

Un adoucissement complet et rapide en faveur de
tous ceux qui par le repentir et le travail effacent
leur faute, prouvent leur amendement.

La loi du 14 août 1885 permettra désormais aux libérés de cette dernière catégorie d'arriver aisément à la
réhabilitation. Ainsi pourront être accomplis jusque
dans leurs dernières conséquences les vœux du législateur de 1854, en même temps que la Société
sera récompensée de n'avoir pas désespéré du salut
de tous ceux qu'elle a été forcée de punir.

CONCLUSION

La transportion a certainement touché son premier but qui était de purger la métropole et de guérir la récidive criminelle, autant que peut l'être un mal incurable.

Nous espérons avoir montré qu'elle pourrait aussi atteindre. le deuxième qui était de moraliser le condamné et de le classer définitivement dans une Société nouvelle.

Enfin, elle a le précieux avantage de favoriser l'expansion coloniale de la France.

« En admettant (Leroy-Beaulieu *De la colonisation chez les peuples modernes*, p. 476.) ce qui est contestable, que, au moins au début, la déportation soit un régime un peu plus coûteux que l'emprisonnement dans la mère patrie, ces dépenses mêmes qui s'opèrent dans la colonie y suscitent la vie et y développent les cultures. C'est un afflux de capital qui se déverse sur cette terre neuve ; or, le capital est un des éléments essentiels de prospérité dont peut le moins se passer une colonie naissante. Il n'est pas indifférent que le gouvernement dépense

à la Guyanne 12 ou 15 millions de francs par an.
Cette consommation, qui n'est qu'une goutte d'eau
dans la mère patrie, exerce une énorme influence
sur une terre presque dépourvue d'habitants... Ce
ne sont pas seulement des capitaux que la déportation apporte, ce sont des bras, c'est de la main-d'œuvre. Cette main-d'œuvre est de qualité secondaire,
qui le nie? Elle ne vaut que la moitié, mettons même le tiers ou le quart de la main-d'œuvre habituelle,
elle n'en est pas moins précieuse. »

L'œuvre que la colonisation libre n'est actuellement ni assez riche ni assez nombreuse pour accomplir
sera préparée lentement mais sûrement par la colonisation pénale.

Les services rendus ainsi à la colonisation sont
d'autant plus précieux que toutes les nations modernes se sentant à l'étroit sur l'ancien théâtre de
leurs rivalités, n'osant plus à cause même de leur
toute puissance risquer de nouvelles guerres, pres-
sées par les exigences du commerce et de l'industrie, sentent qu'un empire colonial est une condition
nécessaire à leur future grandeur.

Quand seront apaisées les haines patriotiques
qui contraignent l'Europe à s'épuiser en armements,
cet élan vers les pays lointains ne manquera pas
de s'accroître. La France doit-elle se laisser distan-
cer dans cette course ? Elle ne ressaisira pas l'em-

pire colonial qui lui a échappé jadis, comme il avait d'abord échappé aux Espagnols.

Elle peut et doit au moins occuper au-delà des mers la place qui convient à son rang sur le continent. On peut penser que c'est pour elle un moyen efficace de compenser son amoindrissement et ses récents revers.

Comme l'écrivait un éminent publiciste dont les premières prévisions se sont réalisées point pour point, à la fin du second empire :

« Si notre population, obstinément attachée au sol natal, continue tantôt à s'y accroître avec une extrême lenteur, tantôt même à rester stationnaire ou à décroître, nous péserons, toutes proportions gardées, autant qu'Athènes pesait jadis dans le monde romain » (P. Paradol, *France nouvelle*, p. 407).

Réussirons-nous à éviter cet avenir menaçant ?

Ce qui nous manque le plus est l'esprit de suite. Nous nous décourageons aisément pour nous livrer au plaisir de la critique et de l'opposition, et sachant parfois vaincre, nous ne savons pas toujours user de la victoire. Les mêmes répugnances que nous avions eues autrefois contre l'Algérie, nous les manifestons aujourd'hui contre l'Indo-Chine.

Préoccupés exclusivement de nos intérêts continentaux, nous ne colonisons que malgré nous, en nous résignant, ou parce que nous croyons que l'amour-propre national nous interdit de reculer.

La France n'a jamais manqué d'hommes aventureux comme Dupleix ou la Bourdonnais dans les Indes, Garnier et Rivière au Tonkin ; elle a trop souvent manqué de sages administrateurs comme Malouet.

Or, aujourd'hui, la colonisation ne se fait plus comme autrefois par des coups de main ou des aventures plus fertiles en gloire qu'en résultats commerciaux, elle est l'œuvre pacifique et lente du développement des relations commerciales à qui le bruit des armes et du canon ne doit être qu'une courte préface.

Cependant au fond de la plupart des critiques dirigées contre la colonisation pénale ou libre, on retrouve aujourd'hui encore notre traditionnel esprit d'impatience et de contradiction qui ne nous permet pas de consolider avec l'aide du temps et la force de la patience, les entreprises commencées.

« Qu'on ne l'oublie, pas disait avec raison Leroy Beaulieu, p. 478, la déportation n'est pas une expérience que l'on puisse faire en quelques années. Il y faut de l'esprit de suite, un plan exécuté avec persévérance, malgré tous les obstacles et les mécomptes initiaux. Cinquante années ne sont pas de trop pour rendre efficace un système de déportation. »

Les progrès seront d'autant plus lents, que la colonisation libre, dont les conquêtes sur le sol sont plus rapides et plus décisives, sera quelque temps encore impuissante et stérile sans l'aide de la colonisation pénale. Les colons libres n'apportent presque jamais de capitaux, et n'ont chances de réussite que quand l'administration, comme elle l'a fait l'an dernier, leur distribue quelques fonds prélevés sur son budget. Pour qu'ils puissent s'enrichir, il faut que la métropole ou les colonies leur fassent la charité, et leur donnent des terres, des outils et de l'argent.

Convaincus par conséquent que la colonisation pénale fraye sûrement les voies à la colonisation libre et prépare ainsi le nouvel empire colonial qui pourra seul peut être, au siècle prochain, prolonger notre race et affirmer sa vitalité, nous devons avoir la persévérance d'attendre. Des charges, il est vrai, lourdes et nombreuses pèsent d'un tel poids sur les générations actuelles qu'il peut leur paraître pénible d'y ajouter encore en préparant une œuvre dont les générations futures pourront seules recueillir la récompense. Il est dur de planter quand d'autres auront l'ombrage.

Mais pour être éloignée la récompense n'en est pas moins assurée.

Puisse notre patrie avoir une assez ferme ténacité

9

pour ne pas perdre à la légère le fruit de tant de sacrifices, de peines et d'efforts.

Heureusement les premiers et plus rudes obstacles ont été déjà franchis et les chemins les plus escarpés ont été gravis : on peut déjà dire du progrès des colonies pénitentiaires ce que P. L. Courier disait de ceux de la Société moderne. « Si la marche du coche nous paraît longue, c'est que nous vivons un instant, mais que de chemin il a fait !... A cette heure, en plaine roulant, rien ne le peut plus arrêter ».

POSITIONS

DROIT ROMAIN.

Positions prises dans la thèse

1° La prison préventive n'existait pas sous la République.

2° Le droit d'appel n'existait pas contre les jugements rendus par les rois.

3° L'accusation était une sorte de charge publique, *munus publicum*.

4° L'*ampliatio* constitue une instance nouvelle.

5° La preuve testimoniale était le principal moyen de preuve devant les juridictions criminelles.

Positions prises en dehors de la thèse

1° L'usufruitier, quoique n'ayant pas d'action pour obtenir la rétrocession des actions appartenant au nu-propriétaire n'est cependant pas désarmé contre le voleur des fruits.

2° La règle *consensus facit nuptias* n'exclut pas la nécessité de la *deductio mulieris in domum mariti*.

3° Le constructeur de bonne foi peut avoir une *condictio* contre le propriétaire pour répéter la valeur dont ce dernier se trouve enrichi.

4° L'usufruit peut être établi par pactes et stipulations, dans le droit de Justinien.

DROIT FRANÇAIS.

Positions prises dans la thèse

1º La relégation, telle qu'elle est appliquée, diffère profondément de la transportation.

2º La transportation n'est pas une peine suffisamment intimidante.

3º Les réformes nécessaires pour assurer le succès de la colonisation pénale sont surtout d'ordre économique.

4º Les colonies pénitentiaires ne devraient recevoir que les condamnés à perpétuité et les récidivistes incorrigibles ; mais, d'autre part, tous les individus condamnés à l'emprisonnement devraient sur leur demande et à titre de faveur, obtenir d'y être transportés.

Positions prises en dehors de la thèse

DROIT CIVIL

1º La propriété littéraire ne tombe pas dans la Communauté.

2º L'héritier bénéficiaire a la faculté de purger les immeubles héréditaires à lui adjugés sur vente aux enchères.

3º La nullité de la vente de la chose d'autrui n'est pas une nullité absolue.

4º La preuve testimoniale n'est pas recevable, même quand il existe un commencement de preuve par écrit du bail.

DROIT COMMERCIAL

1° Lorsqu'un commerçant, tombé en état de liquidation judiciaire ou de faillite et décédé depuis, a contracté de bonne foi et avant les 10 jours précédant l'époque de cessation de ses payements, une assurance sur la vie au profit de sa femme, le bénéfice de l'assurance doit appartenir à la femme et non à la masse des créanciers.

DROIT INTERNATIONAL PUBLIC

2° Le concordat de 1801 est une loi, et non un traité diplomatique.

DROIT PÉNAL

3° Les sous-secrétaires d'État ne peuvent être entendus comme témoins en justice qu'avec l'autorisation par décret du chef de l'état.

4° L'art. 1er de la loi du 2 août 1882 a modifié les délits d'outrage aux bonnes mœurs commis par la voie de la presse.

Vu par le président de la thèse :
LEVEILLÉ

Vu par le doyen :
COLMET DE SANTERRE.

Vu et permis d'imprimer :
Le vice Recteur de l'Académie de Paris,
GRÉARD.

TABLE DES MATIÈRES

DEUXIÈME PARTIE

AMENDEMENT ET RÉCOMPENSE DE L'AMENDEMENT DES CONDAMNÉS

. Laval, Imp. et Stér. E. JAMIN, 41, rue de la Paix.